文
景

Horizon

社 科 新 知　文 艺 新 潮

顶级对话

理解变化中的经济世界

张军◎著

上海人民出版社

和国际经济学界的顶级学者对话中国和世界问题，若要出彩，难处在于提问者既要熟知对话者的思想脉络和学术贡献，又要把握中国和世界经济热点、重点、难点问题之所在。这本对话集彰显了张军教授的学术功底、风趣幽默的风格和“家事国事天下事，事事关心”的书生情怀，11 篇对话读下来会有胜读十年书的享受。

——林毅夫

世界银行前首席经济学家、高级副行长、国家发展研究院名誉院长
北大新结构经济学研究中心主任

张军通过他的新书为我们带来了享受与世界顶级的经济学家对话的愉悦，读来娓娓，思去翩翩，很是享受。他的问题专业、尖锐又不失平和，这恰如他的性格。35 年前我曾有幸教过他，今天，捧读全书，我是真的在向他学习了。谨以为荐。

——朱民

国际货币基金组织（IMF）前副总裁、清华大学国家金融研究院院长

进入 21 世纪的第二个十年，中国经济和世界经济都在发生深刻的变化。在经济的新格局下，越来越多的世界经济学家来访中国。张军教授的这本对话集汇集了他在上海和北京与 11 位欧美著名经济学家的对话，包括诺奖获得者、美联储主席、最畅销经济学学术著作作者、中国经济问题专家等。这些对话既有对经济学理论的解读，又有对当前经济问题的探讨，既有对历史事件的回顾，又有对未来经济的

展望，内容广泛且深入，谈话平实且有趣，为我们理解变化中的经济世界提供了丰富的“思考食粮”（food for thought）。

——钱颖一

清华大学经济管理学院院长

过去近40年，经济学在中国一直是辉煌显学。因为“对话”与公共言说，经济学才摆脱了沉闷。作为经济学家，张军教授与西方经济界权威的对话，是具有独特价值的经济学研究档案，映照21世纪之交的中西经济之辨与思想交融。

——张力奋

FT中文网前总编辑、复旦大学新闻学院特聘教授

经济学正在经历前所未有的转变、自省和争议。通过与一些最具天赋和独树一帜的经济学家的对话，张军以一种最理想的方式，捕捉了这个激动人心和百家争鸣的时代。本书值得高度推荐。

——巴里·诺顿

美国加州大学圣地亚哥分校苏君乐讲座教授

献给乔者和乔玮

上：2017年“上海论坛”期间，与皮萨里德斯对话

下：与伯南克共同出席丰实资本对复旦大学的捐赠签约仪式

上：2015年“上海论坛”前一天，与斯科尔斯对话

下：与皮凯蒂合影

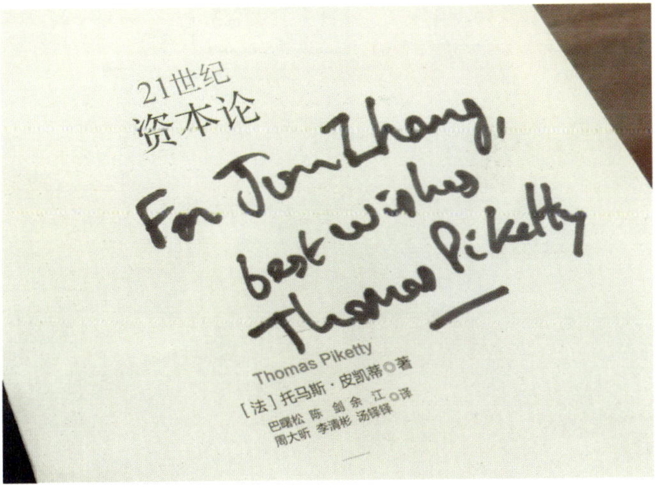

上：皮凯蒂签名留念

下：皮凯蒂手迹

上：与里夫金对话

下：与席勒在复旦大学北欧中心会客室合影

上：与席勒谈笑风生

下：斯泰尔（张军 摄）

上：与格里纳韦、姚树洁（从右至左）合影

下：与蒙代尔（中）在首尔

上：与蒙代尔于行驶的车内对话

下：与诺顿（右三）合影

与诺思合影

目录

前言

出版这样一本对话集于我还是第一次，这要归因于世纪文景的创意。从最初有这个选题意向的袁晓琳编辑自己动手收集整理我已经发表的各类对话文字，到章颖莹编辑接手后续工作，筛选出11篇有代表性的对话稿，并以出版人的名义将书名拟定为《顶级对话——理解变化中的经济世界》（我对这一书名至今仍有些诚惶诚恐），前后大概已过去了两年的时间。现在世纪文景决定于2017年夏出版这本对话集，我倍感欣慰。

本书收录的这11篇对话，除了与诺思教授的对话是2002年进行的之外，其余的都是最近几年在上海和北京展开的——其中有七篇对话是最近两三年进行的。而这当中，我与席勒、皮凯蒂、伯南克、斯科尔斯和里夫金的对话不仅篇幅比较长，而且对话稿完全是根据现场录音翻译成中文的，几乎保留了对话双方的每一句话，具有很好的现场感。感谢已经停刊的《东方早报·上海书评》在过去几年为我提供了全文照刊这几篇对话的机会，并且每一次都作为特稿，配上封面的画像发表出来。这几篇在《东方早报·上海书评》上发表的对话，弥足珍贵，自然成了我的收藏品。

另外入选的几篇对话稿，除了与皮萨里德斯教授的对话是最近完成的之外，其他都是《文汇报》方面的记者在我们结束对话之后根据录音编辑整理出来的。由于报纸版面有限，再加上记者们更关注对话中的观点，因而在专业记者整理出来的对话稿中，反而丧失了我与对话嘉宾的聊天细节和那些很有现场感的语言。对于今天要编辑出版一本对话集而言，这多少是一个遗憾。为了对这个遗憾稍有弥补，我特别在经记者整理过的这几篇对话文稿中增补了按语，回忆了一些与对话有关的“故事”，也谈到了我与对话嘉宾的个人关系以及对他们的印象等感性的东西。对于读者来说，不仅本书所收录的对话谈到了一些当下人们高度关注的问题，阅读这些按语的文字也应该是愉悦的。

所有这些对话嘉宾都是“洋人”，我们的对话用英语进行，之后再根据录音翻译成中文。从语言上来说，只有皮凯蒂是法国人，他讲的英文带有浓重的法国口音，给受邀的专业翻译带来很大的问题。我曾记得，因为专业译者无法听懂他的一些英语表达，在翻译稿子上留下了很多有待确认的盲点。为了确保翻译准确无误，我不得不把录音找来重听，个别地方甚至我也听了数遍才准确识别出他到底说了什么词儿。但我不得不说，与皮凯蒂的对话非常享受，他在对话中对自己研究工作的细节把握得很好，翻译出来的对话稿相当精彩。

美联储前主席伯南克是家喻户晓的人物，著名的宏观经济学家，长期在普林斯顿大学教书。与其他人不同，我与他的对话不是私下进行的，而是在台上，作为“上海论坛”的前奏活动并面向数百名听众。因为在台上，我不太方便与他聊比较个人的话题，话题只能集中在国人感兴趣的金融危机和货币政策等方面。事实上，在筹备我与伯南克的对话过程中，我曾收到伯南克的经纪人发来的对话建议，其中列出了希望讨论的十多个问题的清单，并且特别关照不要请伯南克去评价他的前任和继任。当然，在我们的对话中，我实际上并没有被这个事先给出的问题清单束缚住，我只是从我感兴趣的话题开始，对话的内容完全是“内生出来的”。并且我忍不住还是请伯南克去评价了“格老”艾伦·格林斯潘（Alan Greenspan）和珍妮特·耶伦（Janet L.Yellen）女士，现场效果果然不错。

席勒、斯科尔斯和皮萨里德斯都是诺贝尔经济学奖获得者，在各自的专业领域学富五车。但我们之间的对话无须是学术型的，能聊聊研究领域之外的话题会更有趣。对话是在酒店安静的房间中私下进行的，没有公开，尽管现场有一些媒体记者围观，但对话过程依然非常轻松，我们可以海阔天空，笑声不断。读者从对话稿中应该可以感觉到这些轻松的细节。只有与里夫金在北京的对话经历了“险情”，但最终“化险为夷”。里夫金与我坐在一个临时搭建的摄影棚里聊了一个多小时，内容相当精彩。回想这一经历，颇有戏剧性。为此，我在对话稿发表时，以按语的形式特意记录下了这个“险情”的来龙去脉。与和皮凯蒂的那一次对话一样，我与里夫金的对话也是被录了像的，只是由于后来的变故，这些录像没有被剪辑出来作为视频传播。

与诺思、蒙代尔、斯泰尔和格里纳韦的对话都是《文汇报》负责安排进行的，对话稿也是他们的记者负责翻译整理的。我与这几位对谈者都比较熟悉，有几位还是我多年的朋友。其中，诺思和蒙代尔也是诺贝尔经济学奖获得者、伟大的经济学家。在我的印象中，只有与诺思的对话是在轻松的环境里进行的，与蒙代尔的对话是在行驶的轿车上，而与斯泰尔和格里纳韦的对话是在出席公开活动的现场临时安排的，受到的干扰比较大，时间也比较仓促。但不管怎么样，他们都非常耐心和配合，都非常认真地表达自己的看法，绝无搪塞草率之虞，着实令人敬佩。

与诺顿的对话稍有不同。虽然是一个事先安排的公开对谈活动，但诺顿教授事先准备了PPT，并根据PPT做了45分钟的演讲，而我是没有准备稿子的，在他演讲之后，我就同一个话题即兴做了我的发言，并就他的演讲内容做了评论。所以，这个对话虽然内容相当好，但缺少了你来我往的互动内容。或者反过来说，我们的发言更像是整合起来的对话，而对话无非是拆分开来的发言。

能够享有与这么多国际经济学界的同行和朋友对话的机会，是和复旦大学的“上海论坛”、中信出版社、《文汇报》的支持分不开的。伯南克、蒙代尔、席勒、斯科尔斯都是作为“上海论坛”的演讲嘉宾被邀请到上海的，而皮凯蒂、里夫金、皮萨里德斯是作为中信出版社的作者应邀为其著作的中文版首发式而来的。《文汇报》则安排了我与诺思、蒙代尔、斯泰尔、格里纳韦等经济学家的对话并提供了发表的版面。

我要感谢复旦大学发展研究院“上海论坛”办公室、中信出版社和《文汇报》多年来对我个人的支持和对编辑本对话集的支持。感谢《文汇报》的时任评论部主任季桂保先生和现任主任范兵先生的厚爱，也要感谢原《东方早报·上海书评》的张明扬先生，以及曾在中信出版集团“中信书院”任职的仇勇先生在安排我与皮凯蒂和里夫金对话上给予的支持。明扬多年来是我与《东方早报·上海书评》的联系人，他不仅多次专访过我，还为我提供了在《东方早报·上海书评》发表书评和长篇对话的机会。《东方早报》如今已经停刊，让人为之惋惜。感谢《文汇报》和《东方早报·上海书评》授权我将他们发表的我的那些对话收入本书。感谢文景的姚映然女士对出版本书的支持、章颖莹对编辑本书的巨大付出，也要感谢那些在把我们的对话翻译成中文的过程中付出劳动的朋友们，他们的工作很重要，很多是默默贡献的人，有些我并不知道他们的名字。

最后要谢谢我的家人，他们给予了我幸福及坚持的力量。

2017年2月17日于加州

2017年6月27日补记于上海

张军　　对话　　皮萨里德斯

“在美国之外的其他国家，你们也能够获得成功”

那不是我唯一一次放弃去美国，我不去美国从事研究是出于个人好恶，搬到美国去学习、研究和工作对我来说并没有什么很强的吸引力，我想要待在欧洲。我是一个欧洲人，我觉得欧洲很好，欧盟的发展前景也很好。如果从市场容量和经济总量来看，欧盟的规模比美国还要大，我为什么要去美国呢？

自皮萨里德斯2010年获得诺贝尔经济学奖始，他的名字才更多地进入了中国人的视野。而在这之前，这个名字对我也很陌生。虽然我1997年秋天到1998年春天在伦敦政治经济学院的丰田—三得利中心（STICERD，全称为丰田—三得利发展经济学与相关学科国际研究中心）做过半年的研究工作，但在那个中心，我参与的是关于中国经济的研究项目，与其他研究领域的同事并无太多交往，而参与丰田—三得利中心每周讲座的研究人员也大多数是从事中国经济或发展经济学研究的人士，这恐怕是当时我并不知道皮萨里德斯这个名字的主要原因。

我第一次遇到皮萨里德斯是2015年4月在圣彼得堡国立大学经济学院。当时我受邀出席由该学院主办的一个国际会议，他们也邀请了皮萨里德斯，并安排他在这个会议上发表主旨演讲。其间，学院院长邀请我们一起进餐并参观该学院。短暂相逢，皮萨里德斯的亲和形象和言谈举止给我留下了很好的印象。

在那之前，我听说他被英国女王封了爵位。最近两年他还两次被邀请到北京出席中外经济学家的座谈会。

这一次，皮萨里德斯应邀出席2017年5月27—28日在复旦大学举行的“上海论坛”。论坛办公室在5月27日下午特别安排了我与皮萨里德斯的见面。由于当天下午他要接受韩国及国内多家媒体的采访，我与他的对话就不宜时间太长，力争控制在40分钟之内，所以我们彼此的语速都显得比较快。而且考虑到媒体的采访一定多是针对世界经济方面，我便想只跟他聊聊他自己的研究工作和在伦敦政治经济学院的一些趣事，这样会更轻松。其实这个想法是临时产生的，就在我赶往见面地点的路上还不知道见了面应该谈什么比较好。在上电梯的一刹那我突然想到，曾经听说森岛通夫（Michio Morishima）是他在伦敦政治经济学院读博士时的导师，而森岛又好像是研究马克思经济学的，于是我就决定：从森岛说开去吧。

张军：很荣幸能够在这里再次见到你。我还记得我们初次相识是两年前在圣彼得堡国立大学，当时我们受经济学院院长的邀请共同出席一场大型学术会议。过去几年来，你也受邀到北京出席过活动，我十分关注你的活动，但是让我更感兴趣的是你本人。

我了解到你在伦敦政治经济学院获得了博士学位，我也曾于20世纪90年代在那儿学习和工作过一段时间。你的博士生导师是日籍数理经济学家森岛通夫教授，而我当时就在伦敦政治经济学院的丰田—三得利发展经济学与相关学科国际研究中心做研究。当我看到森岛通夫的画像时，感到特别惊讶。你是否可以谈一下自己师从森岛通夫教授的经过？

皮萨里德斯：我认识森岛通夫是在英国埃塞克斯大学攻读硕士学位的时候，当时他在埃塞克斯大学任经济学教授——埃塞克斯大学吸引了全球各地的经济学家前来访学，研究全球经济问题。

森岛通夫到埃塞克斯大学的时候，主要关注的是数学和经济学的相关问题，对数理经济尤其感兴趣。我当时则对技术问题和纯数学比较感兴趣，但是我听从了父母的建议转向了数理经济的学习。他们曾对我说，如果进行纯数学的研究，可能在塞浦路斯一辈子都争抢不到一份工作。

我喜欢森岛通夫的治学方式，他会非常严谨地推导数学公式。他英语很差，但经常能用一些比喻的说法来表达意思，比如，“如果你要建城堡，那么最好不要将它建在沙滩上”。后来我的博士论文就是从森岛通夫的这个比喻出发，谈微观基础的。

张军：那你的博士论文的题目全称是什么？

皮萨里德斯：我记得我当时毕业论文的题目是“通货膨胀和就业理论的微观经济学基础”（Microeconomic Foundations of Inflation and Employment Theory）。我当时原本想要关注的问题是宏观经济，尤其关注就业和失业，以及国与国之间的宏观经济表现为何差异巨大等相关问题。我一直都在进行这样的研究，从经济问题入手推导公式，不过森岛通夫鼓励我从微观经济学基础入手，学习英国经济学家约翰·希克斯（John Hicks）、凯恩斯等人的经典著作。

张军：他们都是英国伟大的经济学家。对了，难道森岛通夫是毕业于剑桥大学的吗?

皮萨里德斯:不是，我想他可能没有获得过博士学位。他的经济学是在战争时期自学的。

张军:你是说他的经济学是在日本学的?或是在别的什么地方学的?

皮萨里德斯:他是在日本学习和研究的。当时他研究了约翰·希克斯等人的经济学理论。他有很好的数学基础，在20世纪50年代末就完成了一本著名的作品，其中研究的是资本积累的问题。

张军:在中国，森岛通夫并不是一位家喻户晓的经济学家。但是，只要是知道森岛通夫这个名字的人，都会说他是研究马克思经济学的权威。

皮萨里德斯:在20世纪70年代，他认为传统的、纯粹的经济学理论无法很好地解释社会经济的运行状况，因此有段时间他决定要更加深入地研究古典经济学。

张军:是的，他也是从这个角度接触马克思经济学的，他并不承认自己是一个马克思主义者。很吊诡的是，人们都说森岛通夫是马克思经济学研究的大师，其实他的研究更关乎如何使用现代经济学来解释马克思的理论。

皮萨里德斯：对于马克思经济学本身，森岛通夫持有批判性的态度。之后他决定学习计量经济学，研究20世纪70—80年代期间日本经济为什么会腾飞，并鼓励那些大学新生学习经济学，让他们能够理解并描绘20世纪90年代全球经济的前景。我获得博士学位后，甚至在攻读博士学位期间，就转向了一个截然不同的研究方向，森岛通夫对我说："现在你只有一个人了，我们从事的是不同方向的研究。"

张军：森岛通夫大约是什么时候进入伦敦政治经济学院的？

皮萨里德斯：你指的是他到伦敦政治经济学院教书并定居吗？

张军：是的。

皮萨里德斯：大概是在20世纪70年代。

张军：此时你主要是在从事论文创作，你完成博士论文后仍然选择待在伦敦政治经济学院里，对吗？

皮萨里德斯：不是的。毕业后我离开校园去求职，我的第一份工作是在塞浦路斯的中央银行。我返回祖国是因为塞浦路斯的政治状况：1974年塞浦路斯发生了希土两族的战争。我决意回国，因为当这个国家处于危难之中的时候，我是这个国家的希望。我在塞浦路斯的中央银行任职了6个月，然后我离开了塞浦路斯，计划返回英国的学界。之后我在南安普顿大学执教两年。

张军：我记得你在南安普顿大学获得了硕士学位？

皮萨里德斯：不，我的学士学位和硕士学位都是在埃塞克斯大学获得的。硕士毕业后，我前往伦敦政治经济学院攻读博士。我本来有机会去美国，但我不想去。

张军：这也是我很好奇的一点，你为什么没有去美国，而是待在了英国？当时经济学的主流已经在美国，美国经济学的研究能力也更强。

皮萨里德斯：那不是我唯一一次放弃去美国，我不去美国从事研究是出于个人好恶，搬到美国去学习、研究和工作对我来说并没有什么很强的吸引力，我想要待在欧洲。我是一个欧洲人，我觉得欧洲很好，欧盟的发展前景也很好。如果从市场容量和经济总量来看，欧盟的规模比美国还要大，我为什么要去美国呢？

从现在的情况来看，美国的一些大学确实会为学者提供更好的研究条件，我承认自己获得过哈佛大学博士生的录取通知，但是我拒绝了这一邀请。你知道，我也能够在欧洲进行高规格、高水平的学术研究，在欧洲，我也可以与美国的学者进行密切的合作。

我想告诉青年学生和研究者，你们想要在研究事业上取得成功，不一定都要涌向美国，在美国之外的其他国家，你们也能够获得成功。与我一起获得诺贝尔经济学奖的两位教授都是美国学者。

我曾在哈佛大学、普林斯顿大学、加州大学伯克利分校和美国国家经济研究局从事研究和学习，经济学是个国际化的职业。我常驻伦敦做研究，从未感到不适。

说起伦敦政治经济学院，如果在同一个地方待上35—40年，有时候你会很喜欢这个地方，有时候你则会厌恶这个地方，也许更多的时候你会讨厌这个地方，因为我出生后就没有离开过出生的地方太远。

张军：20世纪七八十年代，除了因为伦敦政治经济学院有森岛通夫等著名的经济学家可以让你师从之外，有没有其他经济学大师使你受益匪浅？

皮萨里德斯：当时学院有阿马蒂亚·森（Amartya Sen）等核心人物。我虽然归属于理论流派，不过我的理论更加偏向于应用型理论，它不是应用于计量经济学模型，而是应用于实际经济当中的，所以我成了特立独行者。

这导致我两次晋升教职失败——我是伦敦政治经济学院经济学系唯一一名两次晋升都失败的成员，因为他们觉得我研究的就业问题和英国正在面临的威胁和挑战毫不相关，而且我和其他所有人的研究方向也都不同。

不过，理论流派确实对我影响不小。20世纪70年代中期英国经济衰退，理查德·莱亚德（Richard Layard）等不少经济学家也开始研究应用经济学。经济学家开始更多地关注数据，他们尝试着去理解数据，并据此来制定政策。

后来我们设立了劳动经济学中心，邀请了拉里·萨默斯（Larry Summers）等美国知名的宏观劳动经济学家，与他们进行了深入的交谈。

由于我的学术背景，我们的研究有很强的理论性，但我们也高度关注政策方面的问题，因为我们也有以政策为导向的劳动经济学研究团队。

张军：劳动经济学中心至今仍然在运转吗？

皮萨里德斯：是的，不过它已更名为伦敦政治经济学院“经济绩效研究中心”（The Centre for Economic Performance）。

张军：这让我想起来，20世纪90年代该中心的主任是研究转型经济学的那位。

皮萨里德斯：是的，就是理查德·莱亚德，他在20世纪70年代设立了伦敦政治经济学院的劳动经济学中心，此后该中心更名为经济绩效研究中心。

张军：我之所以注意到理查德·莱亚德，是因为他后来发表了多篇有关东欧国家的文章，关注东欧国家的转型问题。

皮萨里德斯：是的。我是那个团队的成员之一，但是我独自研究经济学中的就业问题，主要是就业理论。他们也进行自己的研究，相比之下他们的研究更加侧重于应用，包括工会、工会与雇主关系等，而我关注的是劳动市场内的摩擦、个人与组织行为等。

张军：即便如此，你是否仍然会出席经济绩效研究中心组织的研讨会等活动呢？

皮萨里德斯：是的，我几乎每次都出席，每周大概有两三场研讨会，我总是会在那里。

张军：几年前你获得了诺贝尔经济学奖，我记得还有两位经济学家与你分享了当年的这一奖项。

皮萨里德斯：其中有一位是美国西北大学的戴尔·莫滕森（Dale T. Mortensen）教授，我们自20世纪70年代开始就各自对劳动经济学中的同一问题进行研究。

张军：这么说来你们之前并不相识？

皮萨里德斯：我认识他，但一开始我们没有合作进行研究。他的第一篇论文是1970年发表的，我则是1973年左右发表的，到了1990年我们决定开始一起进行研究，因为我们的研究对象如此相似。通过合作，我们建立了莫滕森—皮萨里德斯模型，自此我们决意以后获得任何奖项都要分享给彼此，因为我们两人的研究方法是一模一样的。

另一位获奖者是彼得·戴蒙德（Peter Diamond），他是这种研究方法的开拓者。在1979—1984年间，他在这一领域内进行了密集的研究，然后转而研究其他领域，不过由于他在该领域具有广泛的影响力，因此被认为是开路先锋，但是我此前并没有与他相识。

张军：我之所以知道他，是因为他出版的关于财政和税收方面的书。

皮萨里德斯：是的，他出版的著作更多是关乎公共财政的，他是公共财政领域的专家，研究所涉包括税收等多个细分领域。当诺贝尔经济学奖结果公布的时候，他正在飞往波士顿的航班上。我记得当时是瑞典时间13:00，伦敦时间恰好是正午，美国波士顿时间是6:00。他搭乘的航班落地后，来接机的朋友恭喜他获得了诺贝尔奖，而且获奖原因是劳动经济学，而非税收理论。

他发现自己当初只是开了个头，后来主要是莫滕森和我发展了这个理论，以及后续研究者的贡献。

张军：在得知自己获得诺贝尔经济学奖的时候，你的心情是怎样的？

皮萨里德斯：实际上当时我的脑袋一片空白。

张军：当时你是在伦敦吗？

皮萨里德斯：当时我在伦敦。因为生病，我没有去学校上班，而是在家休息。那天我先准备好了一份会议的PPT，之后又准备了一会儿讲座提纲。然后我的电话就响了，接听后发现是从瑞典打来的电话，他们告诉我，我获得了诺贝尔经济学奖。他们同时告诉我这是一通非常重要的电话，问我是否一个人在电话旁。我回答说是的。当时距诺贝尔经济学奖公布评选结果还有20分钟。

张军：伦敦政治经济学院是否有组织相关的活动或是新闻发

布会？

皮萨里德斯：是的，他们想要尽快举行，说只要我身体情况稍微好转，就尽快来出席新闻发布会。

张军：当时我的儿子正在伦敦政治经济学院当交换生，选读金融学。他说他去你的办公室拜访过你，你的办公室门上贴满了恭喜你获奖的小纸条。你们聊了一会儿，你当时送了他一本签名的书。他回国后曾将这本书给我看，并将它转赠给了我。

皮萨里德斯：是吗？那时有很多人在我办公室门上贴满便利贴，后来网上刊登的照片也是那样的。

张军：我也有这样的照片，我儿了拍的。

张军：你会经常到伦敦政治经济学院的办公室坐班吗？

皮萨里德斯：是的，只要有教学任务，我通常都会在办公室坐班，直到当年的年末。此后发生了两件事情，一是欧洲的金融危机，我的出生地塞浦路斯遭受的摧残尤其严重。后来我在塞浦路斯待了一段时间，因为当时塞浦路斯的政府不知道如何应对金融危机。

张军：这是你在校外的第一份正式工作。

皮萨里德斯：是的。而且当时反对党领袖想要参选下一任领导人，我为他就如何走出金融和债务危机的困境提供了建议。与此同时，伦敦政治经济学院晋升我为“学院教授”，这意味着我不必承担行政和教学任务，除非我自己想要这么做。在美国这被称为大学教授或是首席教授。我在塞浦路斯这段时间的工作产生了相当大的影响，迎来了“三驾马车”*的到访，帮助塞浦路斯缓解和走出了债务危机。现在危机已经解除了，我又返回伦敦政治经济学院从事原来的工作。

张军：这么说来你在家乡塞浦路斯工作了一年有余。

皮萨里德斯：不止一年，我在塞浦路斯待了大概三年。其中一年是在休学术假，另外两年则是在协助塞浦路斯处理金融危机。

张军：我知道你今天的日程很满，多谢你在百忙之中抽出时间来和我分享你自己的故事。

2017年5月27日于复旦皇冠假日酒店

（听译：张成）

---

* 欧盟处理危机的“三驾马车”，具体指欧盟委员会、欧洲央行和国际货币基金组织。——译者注（后文如无特殊说明，脚注均为译者注）

皮萨里德斯
小传

克里斯托弗·皮萨里德斯（Christopher A. Pissarides），1948年2月20日出生于塞浦路斯首都尼科西亚。1970年和1971年先后在英国埃塞克斯大学获经济学学士学位和硕士学位。1973年在伦敦政治经济学院获得经济学博士学位。

皮萨里德斯长期研究劳动力市场的搜寻和匹配的理论。他还推动了匹配函数概念的确立，该函数用于解释某个特定时间段内失业至就业的流动状况，他还是利用这一函数进行经验估算方面的先驱之一。

由于在市场搜寻理论和宏观经济方面的突出贡献，他与另外两名经济学家戴蒙德和莫滕森分享了2010年的诺贝尔经济学奖。他跟莫滕森还于2005年获得了IZA劳动经济学奖。

皮萨里德斯现任英国社会科学院院士，英国计量经济学学会会员。

张军　　对话　　伯南克

大萧条和货币政策

我当时倍感孤独，觉得非常艰难，因为我不仅要与金融危机做斗争，还要和政治做斗争。当时所有人都不喜欢我们，但如果我们不采取措施，整个金融系统就会崩盘。两周后我去巴西圣保罗，他们说一开始好像一切都风平浪静，但是一下子雷曼兄弟公司倒闭了，整个经济都停滞了。可见不仅美国如此，这已经演变成一场全球危机了。如果时光倒转的话，我还会做同样的事情。只是政治实在太麻烦了。

2015年5月25日8:30，复旦大学光华楼东辅楼102报告厅座无虚席，作为复旦大学举办的一年一度的“上海论坛”的前奏活动，这里正在举行丰实资本对复旦大学的捐赠签约仪式。简短的仪式之后，是“对话伯南克”的特别活动，活动由韩国高等教育财团事务总长朴仁国先生主持。朴总长首先用英文介绍了伯南克先生和我。他特别提到，当年，伯南克作为美联储主席，是帮助我们共同度过2008年开始的金融危机的重要领导者之一，之后伯南克被美国《时代》周刊评选为2009年的年度人物。朴总长邀请伯南克首先做5分钟的发言，然后再回到主席台的座位上，开始我们之间的对话。

因为只有一小时的时间，所以我们的对话没有使用中文翻译。整个对话过程中，伯南克先生风趣幽默，思路敏捷。尽管数周之前我收到过美方提供的关于对话内容的建议，但实际上我并没有遵照这些建议，而是根据我感兴趣的话题和我所理解的有关伯南克的经历与美联储的非常规货币政策来推进我们的对话。所以，整个对话轻松活泼，一气呵成。

25日一大早，我就到伯南克下榻的复旦皇冠假日酒店与他见面，并陪同他赶到活动现场。一路上的十多分钟，我们聊了一些别的事情，他特别提到对话中不方便评论他的前任者和继任者，其他都可以谈。我答应了。不过，对话中我还是忍不住试着提到了他的前任格林斯潘先生和继任耶伦女士。还好他没有回避。

以下是伯南克的开场发言及其后的对话全文。

伯南克：大家早上好，谢谢大家莅临此次会议。其实我现在已经退休了，我需要坐下来发言。

我非常高兴能够来到上海参加“上海论坛”。这是我第一次来复旦大学，我要感谢丰实资本对本次活动的支持，也感谢大家的莅临。我也非常高兴能有机会来促进和发展中美之间的关系。当我还在政府工作的时候，我与美国财长保尔森（Henry Merritt Paulson）有过非常亲密的合作，他当时的主要精力放在解决金融危机上，同时他也是个中国通——在华尔街的时候他就是如此。他在任职财长期间发起了一个中美对话，我们称之为“战略性经济对话”，一年召开两次，一次在北京，一次在华盛顿，两国的内阁部长在会议期间一起探讨两国的经济问题。在奥巴马总统就职后，议题扩大至军事、政治和战略性问题，而因为我在布什和奥巴马总统任期内都有任职，我参加过的这个对话会议比其他任何人都多。现在想起来非常有趣，会谈始于2007年左右，当时是过于正式的会晤，两边的部长坐在一起开会并发表声明，但并没有进行很多深入的对话。当我任期结束的时候，我们彼此已经非常熟悉和友好了，也有很积极的开诚布公的讨论，都非常具有建设性。我对中美关系这个问题还算挺有经验的，我认为两国之间保持对话应该是重中之重。谢谢大家！

张军：感谢你莅临此次“上海论坛”。你作为美联储主席经历了2008年的金融危机，不知道这是不幸还是幸运。但我知道，实际上你做过很多有关美国大萧条的研究工作，特别是20世纪30年代的大萧条，你觉得这样的研究是否让你更好地应对了2008年的金融危机？

伯南克：作为一名学者，我认为是的。我曾在斯坦福大学和普林斯顿大学学习，当时研究了很多关于经济危机的课题，包括19世纪的金融恐慌，当然还有20世纪30年代的大萧条，这些都给了我很大的帮助。原因有几个。首先，2008年的金融危机从根本上来讲是一场金融恐慌，在结构上和动机上都和我们100年前看到的情况非常相似。但是最近这场金融危机是在一个金融系统更加全球化、技术更加丰富和复杂的背景下发生的，因此，我们还是花了点儿时间才找到了两者的相似之处。我们看到银行挤兑和商业票据回购市场发生的事情非常雷同，跟19世纪的央行很相似。当时作为最后贷款人的央行，为银行提供借款来满足存款人的需求，以此应对恐慌，而美联储则通过借钱给金融系统来应对恐慌。所以了解100多年前的金融恐慌和2008年的金融恐慌之间的相似性是非常重要的。

另外，大萧条也让我们看到了货币政策的重要性。我在麻省理工学院读研究生期间开始研究货币政策，当时读的第一本重要的书是米尔顿·弗里德曼（Milton Friedman）和安娜·施瓦茨（Anna

Schwartz）写的《美国货币史》。事实上米尔顿·弗里德曼是我在斯坦福大学时候的朋友。这本书非常受用，其中提到，货币供应跟不上，在通货紧缩期间危机频发，是导致大萧条的一个很重要的原因。所以除了抗击金融危机，美联储也需要保证货币供应有所增长以及货币政策支持经济发展，所以才有我们当时的种种举措。同时，我也从大萧条中学到了两个重要的教训：一是要稳定我们的金融体系；二是作为最后贷款人，央行要确保货币政策能充分地适应和支持金融体系的正常运转。

张军：我想这就是为什么你一再倡导美联储应该盯住通货膨胀或者设定一个通货膨胀的合理目标的原因。这是从研究大萧条中得到的经验教训吗？

伯南克：我们知道在20世纪30年代的时候，出现了货币供应坍塌，导致美国通货紧缩，物价以每年10%的速度下跌，人们都不愿意消费，也不愿意卖东西——农作物价格暴跌，根本卖不出价钱，可见萧条的很大一个原因是货币紧缩。弗里德曼的建议就是增加货币供应，但货币供应和危机之间的关系并不是完美的。那么下一个合理的步骤就是设定一个通货膨胀的目标，保证时刻有小范围的通货膨胀，但是要避免过分接近大规模的通胀，不给经济带来损害。弗里德曼是这个理论的支持者。

张军：美联储在经济危机时使用了非常规的货币政策手段，也就是我们说的“量化宽松”（Quantitative Easing，简称QE），你怎么看在危机之后，这些非传统的货币政策在保持金融市场稳定方面所发挥的作用？

伯南克：通常来说，货币政策是靠调整短期利率来达到目的的。在2008年的时候，我们的短期联邦基金利率到了零，已经没有削减空间了，所以我们只能在别的地方下功夫。日本的“量化宽松”在他们购买政府债券和提高货币供应的时候已经开始了。但是作为一名学者，我的判断是，日本的举措不算卓有成效，所以我并不认为他们是往降低长期利率这个正确的目标而努力的。在2008年秋至2009年初，我们启动了大规模的“量化宽松”，就是QE1*，大力稳定了金融市场，为实体经济提供了支持，因而2009年下半年经济开始复苏。当时，经济开始缓慢增长，但我们依然担心会出现紧缩，因此做了第二轮和第三轮的“量化宽松”。虽然无法完全确定，但大部分学术研究表明，这个举措对美国的经济的确起到了促进作用。

欧洲的央行最近才开始实行“量化宽松”，如果我们把美国的经济与欧洲的做对比，会看到实际上美国相比其他的发达经济体（例如欧盟）来说，复苏速度更快。美国没有出现任何通货紧缩的问题，但是欧洲和日本都在面临这些问题。可见“量化宽松”并非灵丹妙药，但确实起到了一定的作用，一定程度上也是美国今天经济复苏增长的原因。

张军：所以“量化宽松”的货币政策对于美国经济的复苏有

---

* 美联储于2008年底推出的首轮“量化宽松”政策，其后美联储又推出了两轮“量化宽松”政策，简称QE2和QE3。

着很大的益处？

伯南克：对。

张军：你也创造了一个名词叫“信贷宽松”，是想与日本的“量化宽松”有所区别，你认为美国的QE1跟日本银行的QE真有区别吗？

伯南克：是的，我们和日本的政策不同。日本非常关注货币供应，通过购买债券就可以投放更多的钱，但是这些钱只能在银行里面待着，并不是流通的。而我们的目的则是通过购买长期国债来提高长期利率，以刺激信用的创造，因此我创造了“信用宽松”这个说法，而不是所谓的“量化宽松”。虽然人们称之为“量化宽松”，但两者是有差异的。我们和日本也有差异，我们看到了安倍的经济政策有很多变动，其中有一个变动比较激进。我跟黑田东彦行长是朋友，我们也聊过这个，在一定程度上日本也是在参考美国的做法。尽管现在他们仍面临通货紧缩的挑战，但经济已有好转。

张军：作为美联储主席，有些时候真的会面临一些艰难的时刻，需要做出艰难的决策，那么对你来说这些艰难的时刻有哪些呢？

伯南克：我当时也不知道会面临这么大的一场危机，2006年我担任美联储主席时，经济还在增长，没人知道会发生金融危机，所以我犯的第一个“错误”就是毅然答应接受了这个职位。显然，金融危机在2008年秋走到了最糟糕的时候。2008年9月雷曼兄弟公司倒闭，有人说是我们放任它倒闭的，其实我们做了非常大的努力，但我们没有任何工具，没有法律权威去阻止这件事发生。一旦它发生了，金融系统也开始恐慌，谁也不肯借钱出去，整个系统都停滞了，而经济也开始受到影响。那是相当可怕的一周，雷曼兄弟公司，还有许多保险公司，以及四五家巨头企业都濒临倒闭。

雷曼兄弟公司倒台之后，下一个面临倒闭的是AIG的友邦保险公司。跟雷曼兄弟公司不同的是，我们最后帮助了AIG。当时唯一的办法就是通过抵押贷款，雷曼兄弟公司倒闭是因为它没有任何抵押物，但AIG不一样，虽然它亏了很多钱，但它是一个万亿级的保险集团，有许多下属的保险公司可以抵押，所以我们借给它850亿美元的贷款，它因此得以支付赔付款并最终幸免于难。但我记得最艰难的一天是某周二下午，我和财长保尔森去见布什总统的时候。我说，总统先生，我们得在这个金融危机中贷款850亿美元给一家濒临倒闭的保险公司。布什总统问有没有其他选择，我说没有了，这是唯一的选择，这家保险公司跟整个金融系统都有关联，不然我们就得面临大萧条了。布什总统说，如果这样的话，他也会全力支持，但他得向国会汇报。我和保尔森安排了当晚与国会的十来位资深成员会谈，并且也给整个国会写了信。我们跟他们解释我们在做的事情，为什么要做这些，提供这些贷款的必要性是什么。他们也问了许多问题，问我们是否行之有效，能不能把钱收回来，等等。我们只能回答，“我们也不知道，但希望如此”。会议之后，在场的一位资深议员就看着我们说，伯南克先生，还有财长先生，感谢你们过来告诉我们那么多信息，但是我也希望你们知道，今天晚上任何人在这里说的话，都不代表国会赞同你们所做的事。他说，这是你们的决定，你们自己承担责任。我当时倍感孤独，觉得非常艰难，因为我不仅要与金融危机做斗争，还要和政治做斗争。当时所有人都不喜欢我们，但如果我们不采取措施，整个金融系统就会崩盘。两周后我去巴西圣保罗，他们说一开始好像一切都风平浪静，但是一下子雷曼兄弟公司倒闭了，整个经济都停滞了。可见不仅美国如此，这已经演变成一场全球危机了。如果时光倒转的话，我还会做同样的事情。只是政治实在太麻烦了。

张军：有人说你们让雷曼兄弟公司倒闭，却拯救了AIG。你刚才讲到了AIG的情况。但你也曾经提到过AIG这件事让你感到非常生气，这是什么原因呢？

伯南克：刚开始我没有意识到，但随着时间推移，AIG亏损非常多，我们只好多次重组。AIG在政治成本上让我们花费最大，因为大家对它都感到非常震怒。而我们愤怒的原因是AIG在下一个很糟糕的赌注，基本上他们的策略就是：事态变好了，我们可以赚很多钱，如果变得更糟，政府会来救我们。后来这种事情的确也发生了。当然我们除了帮他们收拾烂摊子，也没有别的办法。但AIG的所作所为的确非常不负责任。保险公司就应该做自己最擅长的事情，也就是风险管理和危机应对，但AIG没有很好地保护自己。在危机面前他们亏了很多钱，没有办法支付各种费用，然后只好找政府。像我说的，对我们来说成本是非常大的，因为公众很愤怒，而之后我们再也没办法做其他应该做的事了。

张军：这里我想顺便说一下，AIG的前行政总裁莫里斯·格林伯格（Maurice R. Greenberg）是复旦大学的好朋友，他那个时候扮演的是什么角色？

伯南克：哦？是吗？格林伯格当时已经卸任CEO了。我并不是说他的不好，当时他应该也没办法阻止他们。

张军：刚才来这里的路上，你说你不能对自己的前任者和继任者发表评论。但说到这里我还是想听听你对你的前任者格林斯潘和继任者耶伦的评论，你们的关系应该不错吧？

伯南克：2002年我从普林斯顿大学去了华盛顿，我之前是大学教授，一直在学校里，从来没想过要当主席，以前也没有在政府任职的经历。2002年之后，我担任美联储的董事会成员，时任董事会主席是格林斯潘。大家都称他为“大使”，因为他的分内工作做得非常出色。我记得在2006年刚成为主席的时候，自己非常担心，因为格林斯潘声望很高，做他的继任者我诚惶诚恐。所以当我刚开始上任的时候，我经常强调说我们会延续许多之前的政策，美联储也有很多的人才，我不希望别人认为我是唯一在经营美联储的人。事实上我也做到了默默无闻，因为我女儿秋天去上大学的时候，她的室友问，你父亲是做什么的？然后我女儿回答我父亲就是美联储主席。然后她的同学就说：“你的爸爸是艾伦·格林斯潘？！”哈哈。有一段时间其实没有人知道我是谁，所以第一年要建立起自己的声誉挺不容易的，当然随后名声也随着我的工作而逐渐建立起来了。

现任主席珍妮特·耶伦女士的经验比我更丰富，因为她之前一直担任政府官员，曾任美国总统经济顾问委员会主席，也担任过美联储副主席，所以我跟她已经共事了三年，整个移交过程非常顺利。一年前，我离职她接任的时候，基本上就是执行我们当年共同制定的政策，包括利率政策等都在不断推行，所以很顺利。我觉得耶伦女士是非常出色、非常睿智的经济学家，我们的工作关系很紧密，而且彼此沟通也很顺畅。我非常高兴她是新的主席，我也可以退休了。

张军：说到你的继任者，我还想问问关于QE退出的问题。你是如何看待退出的时间窗口的？

伯南克：说到“量化宽松”，它确实是发挥了一些效用，但是如果现在继续推行，也会有更大的难度，有几个原因：首先是我们的经验并不丰富，所以我们不知道也不太好预测具体的后果是怎样的。另外的问题是与市场的沟通。很多时候我们都要靠市场的情况来判断短期内以及未来我们该怎么做。例如，你如果告诉市场你要长期保持低利率，他们会相信你，然后为此做一个长期的准备，所以和市场的沟通非常重要。但是我们缺乏市场经验和“量化宽松”的经验，所以和市场保持沟通是很不容易的。

2013年，我们购买了政府的国债进行QE3，也说过会不断做QE3直到就业市场有实质的进展，我们也确实看到了市场的恢复。

我也非常谨慎地解释过，随着时间的推移，我们会减缓国债购入，当时是2013年6月。如果经济不断增长，达到通货膨胀目标，那么今年晚些时候我们也许可以减缓“量化宽松”。但是出现了一个问题，其实我认为当时已经非常清楚了，虽然我们也很开诚布公地解释过我们的政策，但是市场上有人误解QE3是永久性政策，不会有截止日期。这说明他们没有听我们的解释。有人紧张了，还有人觉得要继续宽松，人们的意见开始两极化，然后有人开始卖国债，从而导致市场的不稳定。事实上，这种事情不只发生在美国，也发生在一些像中国这样快速发展的经济体中。当投资人说美国的利率就要上调时，有人觉得这些钱应该回到美国，所以这时资金就撤出了这些快速发展的市场，回到西方。事实上，在新兴国家甚至是金砖国家，都有这样的问题存在。

在解释过我们在做什么之后，市场确实出现了一些波动，但那已经是2013年的事了。2014年是这么多年来美国经济最好的一年，经济的确有波动，但是没有遭遇什么挫折。有趣的是，这些波动是在我们减缓国债购买之前发生的，因为我们有人说将来也许会开始减持国债。2013年12月，当我们宣布要开始减缓购买国债时，市场并没有什么反应，因为大家都已经预料到了。国内市场走高，新兴国家市场也没有受到影响。2014年10月，他们十分顺利地完成了购买。所以这表明，沟通，特别是和市场的沟通是非常重要的，尤其在这样的市场环境中。我一直都强调要尽可能地透明化，因为沟通得越好，政策的效果也会越好。对于政府的货币政策来说，透明化尤为重要。

张军：现在全球的市场一直在猜测美联储可能会加息，你觉得这种可能有多大？如果加息，你认为美国的股市会出现拐点吗？

伯南克：其实很难做预测，我希望整个劳动力市场不断恢复，或者说在这个过程中经济可以不断增长。我们也看到市场完全是依赖于预期的，所以我刚刚也讲到沟通非常重要。我常说市场每次只能理解一件事情，超出一件事情的话，市场几乎是不可能理解的。我们需要清晰地做出解释，而市场也有责任倾听，这样才能理解即将发生什么事情。在金融界，很多发生的事情，比如QE的结束，还有整个减持的过程，其实都是有效市场。所以如果市场结果在我们的预测范围内，就不会产生太大的波动。但是现在我们遇到了其他问题，比如市场或者说很多公司，他们会做市，有的时候在买方和卖方之间成为做市商。当然由于监管等原因，波动不会像以前那么剧烈，但是在卖这些金融产品的时候，在他们做市的过程中，随着价格浮动会制造出一些市场波动。所以应该说，在整个缓慢退出的过程中，我们会遇到一些波动的风险，但如果经济足够强大、沟通足够好的话，我认为加息是有利的。

张军：拉里·萨默斯最近说，你不能指望美国经济还能增长得多好，因为美国经济实际上已经进入了新常态。他认为，美联储通过长期把利率压得那么低来刺激美国经济增长的做法是徒劳的。而在中国，我们现在也看到了经济增长大幅放缓，我们也把它解释为新常态。不知道萨默斯是否实际上在委婉地批评美联储的政策，至少他认为长期实行低利率政策最终只会造成大量金融泡沫，你觉得我们是否需要担心这一点？

伯南克：回到刚才的话题。首先，中国和美国其实情况很不相同，中国在改变自己的增长模式，这就是为什么它的经济增速在放缓。而美国的经济增长非常之慢，有些人说从长远的角度来看，美国的经济不会有太多潜在的增长，因为技术发展不够快，我本人对此持保留意见。同时还有很多的讨论说到短期的现象，叫作“二次制造”。“二次制造”的概念是，因为资本投资的需求太低，投资机会很少，经济甚至不能够保证足够的就业，所以即使美联储降息到零利率还是不能够刺激投资，拉动就业市场。我想这并不是在批评美联储，而是想说在美国目前的经济状况下，每个人都想要美联储把所有事情都揽了，降低利率到零，这在将来可能会是一种风险，会导致金融体系的危机或者经济泡沫。因此有人建议不是让美联储做这些事情，而是应该由政府的其他部门发挥作用，我们的财政政策应该要花更多的钱在基础建设、学校教育等方面，这样才能在不把利率降到那么低的情况下也能创造就业机会。这里的问题就是，这个想法到底正确与否，我们并不知道。可能有一些有道理的地方，但是对此我有两个观点：第一，很多主要经济体，像欧洲、日本，也是就业不足，美国正向它们靠近，失业率已经超过10%；第二，我不否认他的说法，但他没有注意到国际格局，很明显美国经济是全球经济体系的组成部分，我们需要全球经济增长来帮助美国实现经济增长，同时我们还要确保对于美国的国际投资机会还是存在的。这是一个悖论，就是资本的流动。近年来，更多的资本从中国这样的新兴经济体流入美国这样的发达经济体，但其实应该反过来，比方说，中国的改革让资本从流出变为流入，所以越来越多的投资进入像中国这样高速增长的经济体，这也应该是正确的做法。如果美国在国外有更多投资机会的话，比较而言国内机会不足就不是太大的问题。这里有两个底线，一是我们要有更多的财政支出来支持我们的货币政策；二是我们足够努力去促进全球经济的发展以保证足够多的投资机会，使美国和欧洲的资本流出去，注入新兴经济体。

张军：那就美国的经济增长潜力而言，你觉得长期的增长趋势是什么，生产率每年还能增长大概百分之几呢？

伯南克：这个问题没人能够回答，经济学家擅长的是告诉你以前有什么做错了，但没办法对未来做出预测。有些是我们知道的问题，比如美国和其他发达经济体，经济增长率会降低。另一个问题是劳动力，随着人口老龄化，劳动力数量在减少。此外，还有教育水平，我们的教育水平已有多年处于停滞状态，因此劳动力的增长并不是很快，我们的劳动力素质增长也不快，所以说我们将来的经济增长会减缓。但是最重要的还是技术，它究竟会使工人的产出变得更高还是减少？这是个难题。近年来美国的生产率非常低，其中一个原因可能是金融危机的后遗症。在金融危机之后很难建立新的公司，或者说也没有足够的资金来支持研发工作等，所以我们希望随着信贷流动的进一步正常化，我们会看到更多的投入，更多的研发基金，更多的初创企业出现，而我们的生产率也将逐渐回升。

前瞻一下的话，我们必须看到回归常态之后新的技术是什么。我们过去并不能对于技术的发展做出准确预测，曾有人说我们已经发明了所有能发明的东西，未来也没办法再发明什么了，但我本人非常乐观。信息技术、生物技术、纳米技术，这些都是经济增长的引擎。这些技术发展在经济上对于我们日益重要，我感觉未来更是如此。我的一些个人观察是：首先，我们很难对科技公司的产出做一个估值，比如“脸书”毫无疑问很有价值，人们使用它并从中获利，它的服务却是免费的，所以它对我们GDP的贡献到底是多少，很难做出计算。其次，更棘手的问题是，这些新的技术出现以后，它们对社会的影响是什么，不仅仅是对经济增长的贡献，还有经济增长的好处在人群中如何分配，这也难以评估。比如在过去的数十年中，在这个技术世界里，如果你没有很好的教育和技能支持，就得不到好的工作，因为即使是最基本的工作，也需要会使用电脑或者其他的设备。如果你没有接受过这些相应的培训，就很难胜任。如果我们不断发明类似机器人这样的新技术，我们的经济会变得更强，但这也意味着缺乏技术的人，不再有就业机会，所以不公平性将会更为凸显。

张军：这也是我们很多人都关注的一个话题，就是许多人不能够从技术创新和进步中获得更多收益。

伯南克：对，有很多因素导致不公平的存在。全球化、经济开放，还有技术转化等，这些对于经济的发展是有益的，但并不是所有人都可以享受这种福利，这就增加了全球不公平性的出现。我们希望通过更多的技能培训，帮助解决不公平的问题，但是从一定程度来讲，它也会影响到我们的政策和政治。200年前，当新技术比如纺织机出现的时候，原有产业的劳动力已经被颠覆，有人因此失业。所以我们希望靠技术驱动的经济增长能够覆盖更多的人群，而不是少数人。

从过去几年到现在，因为危机和赤字等原因，许多国家的公债规模更高了。现在，即使在欧洲，也有很多国家在实施低利率政策，所以投资人一点儿也不恐慌。另外，在美国和其他一些国家，长期债务问题很大程度上与人口老龄化有关。在美国，人们说联邦政府其实就是一个拥有军队的保险公司，就是这些保险公司让一些人为别人一半的医疗支出埋单。再看一下医疗保健在美国的支出成本，非常之高，最好的医疗保健服务，质量上乘但价格昂贵。随着我们不断开发新药和新的诊断技术，以及整个行业的产出增加，相应的成本也在增长。但在过去的多年间，美国医疗保健的成本增长非但不快，反而很慢。我们不是太理解其中的原因，但如果这样的情况继续发展和保持下去，会是个很好的迹象，因为政府就不需要为老龄化群体花费更多的钱，这也可以帮助我们解决长期赤字的问题。

张军：我还想再谈谈关于未来增长方面的话题。人们对经济的未来增长有不同的看法，一些人只看到了美国的问题，比如医疗失控、老龄化、教育入学率停滞、公共债务规模过大等，所以不看好美国的经济。也有一些人看到了另一面，比如美国的技术创新、机器人、无人驾驶汽车等，因此认为美国经济能行。我们再看全球经济，尤其是新兴市场，包括中国的情况。有关中国经济的前景，人们也经常会表达悲观的情绪。他们有时候觉得中国经济会崩溃，你觉得会发生吗？如果出现中国经济硬着陆，对全球经济的影响会是如何？

伯南克：我不会做预测，这不是我擅长的领域，但我理解为什么中国经济增速会降缓，这是不可避免的趋势。因为不可能永远每年都是10%的增长，随着经济体变得更庞大、更复杂，你很难持续两位数的增长。我们也会预见这样的情况，就是增速可能会下降，但是我们也看到前沿技术会不断发展，然后整体实力会更加强劲。对于中国来说，我们可以看到它的增长模式发生了非常实质性的转变，中国之前多年主要依靠基建投资、房地产投资，还有重工业和国有企业实现经济增长。对于政府来说，修路造桥梁是必需的，这是以前的增长模式，政府在其中扮演更多的角色。但是现在，我觉得中国走的道路非常正确，可以看到中国已经从重工业和出口进行转向——因为这样的发展无法持续，转而更多地关注包括消费品、服务、高科技在内的产品。要管理好这些，其实和以前的方式不一样，因为现在更多地需要依靠市场和企业家的能力。这样的转变我觉得是非常重要的，中国在这方面的转变做得非常出色。当然不可避免地，这也意味着经济增幅要下降，而且更难预测。在未来，对于中国政府来说，采取市场化的方式，从低端开始让经济有机地增长起来是很重要的。当然中国现在要面临的挑战非常多，在金融改革和经济方面要做很多工作，也需要处理资产负债表、影子银行等问题，这些问题都应该要一一解决。另外，还有环境问题、生态问题，这些也是有待政府解决的。

未来肯定会越来越难，就像参加奥运会的田径运动员，一开始接受训练会进步得很快，但是训练过后就很难再加快了，这就是中国现在遇到的问题。现在中国人均收入还是很低，大概就是美国的四分之一，所以还有很大的进步空间。但同时它也面临着许多问题，比如环境问题。而在不断富裕的过程中，中国已经拥有了解决问题的资本了。当人们很穷的时候，只要确保温饱，其他很多问题都可以忽略。但当生活水平提高了，大家就会说，我富足了，我想让环境变得更好。现在中国也在往这个方向过渡。说到环境，其实是个全球化的议题，所以我们要共同尊重环境。在这个领域中，中美也是相互依赖的。在环境和技术方面，中美之间可以有很好的合作。

张军：2014年IMF预测，根据购买力来说中国经济体的GDP，已经超过了美国，你同意这个估计吗？

伯南克：我认为，重要的是中国和美国是全球最重要和最具活力的两个经济体。首先，有很多方法可以衡量规模，比如经济体的购买力。在美国付出的价格和中国不一样，所以基于购买力的可比价是一个指标。他们也可以根据汇率从人均GDP的角度进行对比。就产业来说，可能美国的潜力是最大的。美国和日本、欧洲这些经济体不一样，美国的人口还在增加，我们拥有技术和顶尖的大学，所以说美国的整体活力很大。而新兴国家中，中国是最大、最具有活力的。IMF的对比只是表明中美两个国家的相互依赖程度会更大，需要更多的携手合作，所以这并不是一场竞赛。我觉得这两个经济体未来发展的方向会极大地影响到全球的经济。

张军：说到新兴经济体，包括巴西和印度，像你刚才说到的，它们也遇到了资本又回流到美国的问题，因为美国的经济在恢复，这也是不可避免的。你觉得美联储做决定的时候是否要考虑一下对于新兴经济体的影响？具体而言，比如要调整利率的话，是否要考虑对这些新兴经济体产生的影响？

伯南克：从长远的角度来看，更多的资金流应该从发达国家流向这些新兴经济体，因为回报会更大。其实在2008年以前也有这样的现象，有一些短期的热钱流动非常快，但回报却很小，这其实会有破坏性。我觉得就像我刚刚提到的，对于美国、美国的经济和美联储来说，一旦利率收紧，美国的经济就会变好，而美国经济变好，对于其他国家的经济也是有帮助的。这是第一个方面。

第二个方面，很明显，美联储也要尽其所能来明确地沟通它的计划。如果美联储能更好地沟通即将发生的事情，那市场的反应也会更好。另外，对于新兴国家来说，它们也应该有自己的担当，比如在宏观经济，还有稳健的金融制度等方面。举例来说，墨西哥就在美国的旁边，虽然经济比较弱，但是在贸易、货币、财政政策上，是管理得比较好的。我认为，对于快速发展的市场来说，真正的本质是，全球的利率和货币政策会有起伏波动，所以要制定长期计划，吸引长期资本进入本地市场。然后，我觉得所有国家都应该有良好的政策和稳定的经济，这样万一真的有不稳定因素，也不会受太大影响。

张军：你是否相信新兴国家过早开放它们的资本项目会有巨大的风险？

伯南克：确实是，如果不开放资本项目，市场的资金就不能很好地流动起来，经济也不会有增长，所以开放资本项目也是一个经济增长点。但同时也要认真考虑，确保金融体系非常健全，能够充分利用这些资金，而且有能力应对资金外流的现象。所以这是一柄双刃剑，需要资金的流入，并进行妥善的资金管理，否则会遇到负债。如果贷款的话，我们都知道，借了钱应该明智地用钱，但是有的时候不一定用得好，所以管理很重要。

张军：对于中国来说，我们20年前就开始考虑资本项目开放，我们一直希望外资进入中国，帮助我们的制造业。然而我们的金融市场还是比较封闭的，所以我们要做上海自贸区。自贸区是试点，鼓励外商投资者投资于金融市场。

伯南克：在这个过程中要小心翼翼，长期和短期资本在健康的经济发展中都有自己的角色，但如果经济不够强劲，那些短期的波动就可能会造成破坏。

张军：最后，我非常希望能请你跟我们分享一下离任之后你的幸福生活。

伯南克：满世界跑，跟不同的人对话。现在我在华盛顿的布鲁金斯学会任职，他们好像在中国也有一个办公室。我也在写书介绍我的经历，今年秋天就会出版。我感到最棒的是，现在每天早上起来看报纸，看到新闻说有哪些很严重的问题，我就想应该有人来处理它们，但幸好不是我。我现在还是挺忙的，因为常出差，当然我再也不用去想这些“退出恐慌”的东西了。

张军：你还会返回普林斯顿大学教书吗？

伯南克：可能吧。

张军：非常感谢，我们的对话棒极了。今天早上非常荣幸能够邀请你在这跟大家分享你对货币政策、金融危机、美国经济和中国经济等问题的见解，再次感谢你的到来。

2015年5月25日上午

于复旦大学光华楼东辅楼102报告厅

（翻译：黄晨）

伯南克小传

本·伯南克（Ben Bernanke），1953年12月13日出生于美国佐治亚州，1975年获哈佛大学经济系学士学位，1979年获麻省理工学院经济学博士学位。之后执教于斯坦福大学和普林斯顿大学。1996—2002年担任普林斯顿大学经济系系主任，2002年后，先后担任美联储的委员和副主席。2006年2月，伯南克接任格林斯潘担任美联储主席，2014年1月卸任。

2008年底，当美国金融市场遭遇危机时，伯南克大胆推行非常规的“量化宽松”货币政策，使美国经济避免了陷入大萧条的悲剧，受到美国时任总统奥巴马的高度评价。伯南克也因成功“拯救”美国经济而当选美国《时代》周刊2009年年度人物。

伯南克现任华盛顿布鲁金斯学会研究员。

张军　　对话　　斯科尔斯

互联网、金融市场和期权定价模型的发现

我出生在加拿大北部的一个地区，那里有许多低价的金矿股，所以常常可以看到投机行为。有些人会在股市中进行赌博，赌股价是涨是跌、谁会是赢家。我对此很着迷，总是思考如何定价、如何确定经济价值的问题。所以我对金融的兴趣，部分来自对这些人行为的观察。

美国斯坦福大学教授、因发现“布莱克—斯科尔斯期权定价模型”（Black-Scholes Option Pricing Model）而荣膺1997年诺贝尔经济学奖的斯科尔斯应复旦大学之邀前来出席2015年5月25日举行的“上海论坛”。在论坛开幕的前一天，我预约了斯科尔斯教授，希望聊聊我们感兴趣的话题，但是并没有事先告诉他我们究竟要聊什么。2015年5月24日9:30，我来到复旦皇冠假日酒店顶层的校长俱乐部，看到斯科尔斯教授正在接受韩国媒体的专访，也有多家上海媒体在场。不过，从我听到的访谈内容来判断，韩国媒体对他的采访应该集中在了他的专业领域，问了他不少关于期权定价理论方面的问题。我突然觉得我不能再重复类似的话题。于是，我临时决定要和他聊一些资产定价理论之外的话题，也许这样我们都会感到轻松。据我了解，他本人对新技术很感兴趣，于是我决定围绕新技术这个话题来展开我们之间的对话。以下是对话实录，由复旦大学经济学院的孟俭副教授根据对话的现场录音听译而来，我在孟教授的译稿基础上做了文字方面的核实和校对。

（我和斯科尔斯被引导着面对面坐了下来，我们寒暄了一番，然后我询问了他此次中国之行的航班和目的地等，之后我们开始了对话。）

张军：早上好，迈伦。很高兴能与你见面并来聊一下我们感兴趣的话题，争取一小时结束。

斯科尔斯：你好，张教授。你希望聊些什么呢？的确，我只有一小时的空余时间，之前还接受了韩国媒体的采访，有些消耗过多了。

张军：我最近注意到耶鲁大学的席勒教授在“世界报业辛迪加”（Project Syndicate）上写了篇文章，文中表达了对人们过度关注金融和培养过多金融学科毕业生的忧虑。你怎么看？

斯科尔斯：不错，即使是经济学家，过去也很少谈论金融的话题，但现在情况发生了变化。

张军：这种情况不知是好是坏。现在有不少经济学家开始担心我们在金融这门课程中的投入是不是太多了。

斯科尔斯：担心这一点的人想必是生活在一个不存在不确定性的世界里，在这样的世界里是不需要金融的。金融要解决的是不确定性，这是问题的关键所在。不然，不确定性如何解决？解决不确定性问题就是金融最首要的关注点。

张军：这样说是有道理的，问题的答案往往可以在现实生活中找到。很多理论的想法，回到真实世界，就不是那么回事了。两个星期以前，我在美国华盛顿特区与复旦大学经济学院的部分校友见了面。之前，我还顺道去了圣彼得堡大学做了报告。可是每次我去欧洲或者美国，总会有那么几天遭受时差的困扰，很痛苦。所以我想，有很多活动也许应该通过视频来完成，而不是让人们亲自飞过来飞过去。为什么不呢？

斯科尔斯：那是，而且这在技术上不存在问题。

张军：昨天有位上海的企业家说，他的公司想要通过网络把美国顶尖医院的医生和中国一些城市的病人连接起来。他说，一些富裕的中国人生病之后通常会想方设法花钱找到好医生，他们会愿意花钱把美国的医生请到中国来，但这个真的要花很多钱。他的公司以前就是这么做的，把美国的好医生请到中国来为这些富人看病。但他们现在想试试能否通过互联网来连接医生和病人。

斯科尔斯：这个应该是可行的。我的一位朋友有几个机器人是专门陪医生看病的。医生去看病人时，会带上机器人。机器人有一张脸，病人的信息可以从机器人的脸部传到坐在办公室里的医生那儿。也就是说，在美国有些医院里，医生给病人会诊时，除了有其他医生陪同，还会带上机器人一起去看病人、问问题。所以医生和病人之间的沟通是可以通过机器人来进行的。

张军：现在机器人在中国的一些中产阶级家庭当中也很受欢迎。当人们出门在外没法照料，甚至也没法和家里的老人交流时，他们会让机器人陪伴独自在家的父母。他们可以通过机器人看到父母的生活起居。现在一些中国的公司就在投资这种机器人的领域，市场发展得很快。

斯科尔斯：人类步入老年社会了，人的寿命越来越长。我们需要思考如何照顾好老年人。机器人可以代替孩子们照顾老人，而且它们很听话，能成为好孩子。它们可以给老人喂食，照看老人，每天和老人保持接触，提供医疗服务，并通过终端设备发送信息。

张军：我听说你是新技术迷，你能否预测一下十年以后的前沿技术会是什么情况？

斯科尔斯：问得好，这是一个有趣的问题。我认为，就经济领域而言，新技术的发展会使一切变得越来越个性化，越来越灵活。人们想法的改变，会带来更多选择，个性化同样也会带来更多选择。另外，国际互联网的发展速度之快使我相信，接下来的转变是从以产品为中心转移到以消费者为中心，消费者将自行决定他们需要什么样的产品。决定企业如何经营的将不是商人而是消费者，由商人、消费者和信息高速公路构建的网络将得到更快的发展。关键是该如何利用信息高速公路帮助商人和消费者更好地找到客户所需要的解决方案，那就是未来的商业模式。

张军：你是说未来解决方案的提供商（solution provider）将居于主导地位？

斯科尔斯：我想是的。

张军：是，在我看来，未来的适度化生产将完全不同于以往只为了满足相同客户而进行的大规模生产，而且我们的商人需要对客户有一种与之前截然不同的看法才行。现在企业真的需要为消费者提供量身定制的产品和服务了。

斯科尔斯：没错，这才是客户真正需要的。我认为，一个交易处理的世界，一个独立的、由T型账户、债券和借方、贷方构成的世界将发展为一个交易分析的世界。独立的快照式世界将消失，变成镜头连续的电影式世界。一组连续镜头式的交易该如何进行？它将给经济学带来怎样的变化？它将如何改变企业的生产？它将如何改变我们的工作方式？这将给世界带来巨大的影响，一切将因此而改变。

所以我认为，谁驶上了信息高速公路，谁储存了连续交易的信息，谁就能占领先机。比如，我之前在杭州和一些人谈论过这个话题。他们和许多商人有过交易，他们有客户，有连续交易的信息。与商人相比，他们能够更高效地向客户销售产品和服务。因此，就劳动分工而言，他们提供信息高速公路，他们用区块链*验证行业和交易，然后为商人和客户创造一种沟通方式，使他们

---

*　Block chain，交易数据库。

之间的互动变得更高效。在产品和服务的开发方面，客户能获得多少信息，有多少程度的信息不对称存在，双方是否缺乏信任等，这些都是需要设法克服的难题。

另一个产生了不可思议的变化的领域是区块链，它将实现信息流和数据流的民主化，消除银行业垄断和信用卡垄断。封闭的系统被开放的国际互联网打开了，人们可以利用数据网络来创新、来创造。金融经济学家马娅*认为，那将带来从IC卡到供应链的无数令人兴奋的奇妙变化，我们将更有效地实现金融的各项功能。

同时，随着高科技、机器人及其创新的运用，我们将看到纳米科技领域方面的巨大突破：人们可以利用微小的粒子制造庞大的东西，也可以将庞然大物变成微小的东西，而这将催生不同的工作方式。3D立体打印技术就是其中的一个突破。想想3D打印将带来怎样的速度方面的变化吧：过去，要制造一个机器原型，人们必须先设计一个模具，再制造部件，然后将各个部件装配起来，最后才能给客户看机器原型。如果客户想稍稍改变一下原型的话，就得花很多时间重新设计模具。现在，当3D立体打印机和电脑连接之后，人们可以直接看到三维的机器原型——我不知道是否能呈现时间这个维度。而一旦三维的原型在电脑上出现，人们就能把它打印出来。机器原型打印出来后，如果和客户的要求有出入的话，只需要重新输入参数，然后再打印出来就行了。按客户要求修改后的机器模型一旦打印出来，就能直接投入生产了。这样，生产的速度加快了，而研发、测试的时间和测试的成本都大大地减少了。时间减少了，灵活度增加了，这正是客户想要的。

---

* 可能是指马娅·伊登（Maya Eden）。

我认为，5—10年之后将出现人体三维扫描，人体的每一部分将被记录下来。25—30年之后，如果你需要进行髋关节置换手术，3D打印机可以精确地打印出你所需要置换的部位。

很多年以前，我还是个年轻人的时候，我母亲在加拿大北部的百货商店工作，在矿井下工作的矿工们会到她那里买靴子。那家商店当时只供应一个尺码的靴子，因此，那些脚小的矿工们只能将袜子塞进靴子里才能穿上靴子到矿井下工作。而那些脚大的矿工们就没法工作了，因为没法穿上这些靴子，即使勉强穿上，脚也会很疼。创新者们于是设计了大、中、小不同尺寸，结果百货商店卖出了大量的靴子。

我现在穿的鞋子是43.5码，而我的右脚比左脚稍稍大了点。将来，我的一只脚可以穿43.5码的鞋子，而另一只可以穿43.475码的鞋子。未来的一切将变得越来越个性化。生产和创新的方式都将发生改变。

就产品的研究和开发而言，将来会演变成研究—测试、开发—测试这两种模式，研究或开发不再是常规项目，取而代之的是测试。因为有反馈系统的存在，人们能从中学到许多东西。所以，无论是在中国还是在美国、欧洲或是日本，未来科技领域方面的创新是否成功，都将取决于我们如何创建高效的反馈系统和学习能力。就产品开发而言，要缩短测试的时间、减少成本从而增加或提高产品的价值。

张军：你说得很对，个性化太重要了，它要改变甚至颠覆以往的商业模式。以小见大，你真的认为3D打印很快会彻底替代现有的工业生产吗？

斯科尔斯：事实上，3D打印目前已经替代了全球生产的20%。这是纳米技术领域正在发生着的变化。

张军：真是不可思议。

斯科尔斯：你知道，在中国，在北京郊外，有着全球最大的3D打印设备。

张军：我听说过这个，但看起来你比我更清楚。

斯科尔斯：而且它目前在打印飞机的机翼，可以打印出更轻、更坚固的机翼——人们正需要这样的机翼。

张军：科技领域发生的变化实在令人惊叹，技术的发展使得个性化的服务供应商变得越来越重要。

斯科尔斯：是啊。之前提到的在医疗方面的种种变化也是如此，比如远程医疗。目前，有人正在思考如何最有效地将科技运用在医疗方面，我们能看到的在治疗病人方面的许多进展都是人口的老龄化所引起的；还有食品生产的效率问题。现在人们在食品生产和水资源利用方面的效率仍很低。稀缺资源的日益枯竭使人们思考如何更高效地利用能源，于是人们想到了利用能量转换传感器来进行不同能源之间的转换，比如水和电之间的转换。目前，美国人正在设想取消国家电网系统。因为如果全美只有一个电网系统，就意味着一旦系统崩溃，所有人都没电可用了。所以，在过去几年中，美国出现了许多小型的电网系统，为不同地域的社区提供能满足不同需求的、更个性化的服务。这涉及更多方面的协同：电力、风力、太阳能、太阳能的储存、电池组、用来储存能源的东西，等等。我想，关于在这方面我们能有何作为的信息量是很大的。那么多复杂的东西组合在一起，其实是为社会、为新一代创造了新生代的技术。

张军：但现在全世界似乎都在关心替代的问题，如果机器替代了人的劳动会怎么样呢？劳动者的出路在哪儿？劳动者不再劳动了，也就不怎么再分享劳动收益了，大部分的收益会主要由资本方获得。

斯科尔斯：目前我们所有人都关心的一个问题其实是个有趣的经济学问题；作为经济学家，我们总是认为，人一旦有了机器，劳动生产率就能提高，工资随之增加，劳动力收益提高，资本收益提高，从而使社会变得更富有。这是劳动力和机器两者效用结合的结果。这是人们熟悉的经济学家罗伯特·索洛（Robert Solow）提出的有关劳动生产率提高的传统理论。但实际上，到了一定阶段之后，劳动力收益将大幅度下降。这对劳动者意味着什么呢？这会带来一个更舒适的人类世界：我们只要坐着谈论有关哲学的问题，而机器人会为我们干所有的活。因此，人工智能确实是个大事儿。我们现在都在关心的一个问题实际上是，一旦机器能够编程，机器人通过学习也许就会开始为自己编写程序。在这种情况下，机器人能变得和人类一样的富有创造能力和创新能力。

张军：你真的这么认为？

斯科尔斯：我思考过和学术有关的编程问题。如果把一套数学题目给一台机器，它会通过随机尝试不同的组合而分辨出哪些解题方式管用，哪些没用。机器能够很快地对其进行数千次的排列组合，它不需要上过学，就能通过随机尝试的方式学会解题。人们可以通过转动钥匙来打开车门，而过去，为机器人编写实现这类动作的程序很难，但利用现在的随机技术，我们已经可以为机器人编写这样的程序，机器人也能像人类那样转动钥匙、打开车门了。尽管机器人打开车门后可能会做傻事，但至少它能上车了。机器人可以随机尝试做数以千计的事情，它可以重复做正确的事情，它会进行归纳。我们也会归纳，但我们可能会做出愚蠢的推理，因为我们缺乏对事物进行全面扫描的计算能力；而机器人能够重复扫描成千上万个样本，并从中剔除错误的选项。这完全是两个不同的世界。

这意味着我们必须改变我们这个世界的教育体系。我们可以从远程教育的角度思考一下如何创建一个包容的社会，使得其中没有受过教育的庞大人口也能够加入学习的队伍。在印度，约50%的人口是25岁以下的年轻人，而这一部分人群的识字率只有10%。

张军：10%这个比率大大低于中国的识字率。

斯科尔斯：是的，中国是80%。在印度这个文盲率如此之高的国家，有80万人在小学至高中阶段的教育系统中教书，其中只有1%是合格的教师。因此，要改善这样一个社会，创建一个拥有创造能力和创新能力的新世界，基本上就只能靠远程教育了。整个教育体系必须变得更加个性化，而不能像从前那样“所有人穿同样尺码的靴子”，也不能只是我讲你学而不知道学生是否真的在学——我希望他们真的在学。这一切现在彻底改变了。学习方式已经是个性化的。在远程教育、模块化教育理念下，重要的是创建什么样的学习模式，而不是授课模式。教师完全没有必要在一个半小时的课堂内传授知识。在学习的模式下，消费者是谁？是学生。我们是教师，是生产者。问题是，消费者有学习的需求，他们不需要我们来告诫他们，他们自己需要学习。我们想要教书，他们想要学习。个性化的模式因人而异，这是主要的问题。还是那句话，消费者是学生，学生需要确定他们自己的学习方式。如果我们能给他们提供个性化的学习方式，我们就创建了一种学习的文化。学生们拥有改变想法和向不同方向成长的灵活度。如果我们能通过远程教育和技术的结合增加互动的价值，提高人们的学习能力，那么我们就能在全球范围内看到一个更加包容的社会。

张军：你是说学生自己有学习的能力，我们要改变的是学习的模式。你承认智力水平的差异吗？

斯科尔斯：我相信，智力并不是一成不变的。许多人认为人们的智力水平是天生的，我认为这种看法并不正确。如果你能坚持学习，你的智力就会不断地提高。不断的学习能让你变得越来越聪明。

张军：我同意你的说法，在创建适合每一个人的教育模式这一问题上，远程教育比课堂教育更有前途。由于基础设施的落后，在印度实施远程教育恐怕不是那么容易。

斯科尔斯：你说得对。但印度每个人的口袋里都有一样东西：一部手机。我们需要树立利用手机进行学习的理念。你知道在非洲孩子们是怎么学习的吗？在那些没有教师的赤贫城镇，只要有一台电脑，那些学生们就会围坐在电脑旁，渴望学到一点儿东西。每个人都有学习的需求。因此，问题就是我们如何利用互联网、利用手机、利用移动网络。现在几乎人人都有手机。在一些贫穷地区，即使每天的收入只有2美元，他们也在用手机。我不知道他们是怎么做到这点的，因为每月要支付10美元的手机费。真不可思议！但他们确实在使用手机。

张军：美国生活在最底层的25%人口是不是也深受缺乏教育的困扰或面临类似的问题呢？

斯科尔斯：是的。

张军：那你是不是认为改变学习模式也能解决这些人面临的问题呢？

斯科尔斯：是的。在美国的教育体制下，学习受阻的根源在于美国政府。正如我之前提到的那样，企业和个人喜欢办事迅速，喜欢个性化，喜欢灵活。而政府却喜欢办事拖延，喜欢管制，喜欢刻板。这是政府的三大弊病。因此，如果政府控制了美国，在年轻人的教育方面不允许竞争制度的存在，不允许人们连接数据网络和信息网络的话，那么，政府就阻碍了人们的学习之路。就创造一个教学模式或教育模式而言，政府便施加了太多的管制。而且，由于政府是教育费用的承担者，他们会创建一个教育评估体系，但他们其实并不知道如何评估教育，因此就会以错误的方式来评估教育方面的产出。他们不是将学生学得如何作为评估的依据，而是根据学生是否能够通过考试来进行评估。能否通过考试并不等同于学习。学习意味着在掌握了一些常用的知识和技能后，还能有所创新，为社会增加新的价值。

张军：那是肯定的。不过我听说，一些包括英国在内的发达国家，它们对培养了很多优秀学生的中国基础教育模式表现出了浓厚的兴趣。最近英国方面甚至还引进了上海中学生使用的数学教辅书，认为这些教辅书编写得真的很好。他们鼓励英国的学生尽可能和中国的学生一样多地学习数学知识。

据我所知，在美国的中学，政府也一直想推行考试制度，加强对学生的评估。我听说美国的教师团体和教师工会抵制这种做法，他们不想把考试作为评估教学质量的依据。其实在上海，我们在这方面也一直有讨论。考试能说明什么呢？它能评估谁的表现呢？我们同样在思考这个问题。但很清楚，越来越多的共识是，或许应该脱离用考试来评估教学的模式，我们需要新的评估方式，而新的评估方式应该不单纯是基于考分。

斯科尔斯：对。创新能力、创造能力更重要，不一定是考分。不过，虽然我显然并不知道上述问题的答案，但是我这样告诉过我的学生：我一生中最好的学习模式，是用最佳的方法，尽可能从同学和老师那里“窃取”学问。我告诉他们，这是你们终生的学习方式：通过从他人那里获取信息来不断地学习、不断地成长——“窃取”他人的学问。

张军：而且现在“窃取”知识变得更容易了。

斯科尔斯：是啊。我说的当然是褒义的“窃取”，是向他人学习。向教科书、向你的同学和老师、向社会学习，这才是学习的模式。我认为，要做到用最好的方法、从最优秀的人那里获取知识，你本人也必须是最优秀的，不然他们会把你赶出去。因此，你必须做最好的自己，用最好的学习模式不断地成长，并思考如何和别人互动以找到最好的学习模式。你和同事们合作，是因为他们对你来说是最优秀的。也有许多人会停滞不前，他们不想保持前进的步伐，不想做最好的自己。当边际生产力下降时，这些人就会被替代。

张军：对。这是经济学的理论告诉我们的。

斯科尔斯：是的，那是经济学的理论模型。我认为我们现在没有充分认识到在线学习的问题。我觉得目前的在线教育更像一个平台，而不是一个个性化的东西。假如使用机器，我们必须考虑如何与它一起形成一个团队，把事情做好，未来的工作方式应该是这样的。

张军：对。我知道，你出生于犹太人家庭。所以我想这或许和犹太文化以及种族相关。就像中国的家庭会教育孩子不要偷窃。

斯科尔斯：对，对。在具有学习传统的家庭中，如果父母有学习的渴望，那么你也会学习。生活就是这样，这一点很重要。就我而言，我并没有将时间花在狭义的学习上。我母亲常常对我说，出去玩吧。从9:00出去，到18:00回家吃饭，自己出去玩耍，自己出去学习，学习什么都行，要有好奇心。所以，我从小就有自发的好奇心。而我这种探究事物的想法、追求个性化生活方式的想法或者好奇心，都来自我的父母。我认为，就个体而言，我之所以能真正地成长和学习，是因为我拥有学习的自由：我可以学习自己想要学习的东西，而不是按照他们的指令学习。我父母的最伟大之处在于，他们从不会对我说：别担心失败，你是个聪明的孩子。那是别的父母会犯的错误。他们总是对我说，你能从失败和各种经历中学到东西，你该从中学习。这是你自己的责任。所以，失败也是有趣的经历。因为生活其实就是从失败中学习。如果你总是成功的话，说明你从未承担过足够的风险。如果你总是成功、从未失败过，那是因为你父母一直在保护你、支持你，这样你永远也学不到东西。如果你从不出去冒险，只是学习书本上的知识，你永远不会有好奇心，你永远不会对某个领域的事物有很深的了解。

张军：所以，父母应该容忍孩子的失败。父母好比国家，国家也应该接受机构和企业的失败。否则，创新是不可能的事。

斯科尔斯：对。制定目标之后，必须经过尝试才能实现这个目标。如果不需要尝试就能实现的话，那它一定不是很远大的目标。即使尝试失败，也可以从失败中获得如何实现目标的信息；或者获得目标无法实现的信息，那也不错——那就是经济学，那就是生活的模样。如果我们确定目标可以实现，那么别人很可能已经实现这个目标了。

张军：是啊。

斯科尔斯：不确定性肯定存在。关于创新，关于经济学，一定是有不确定性的。不确定性意味着，你做的一些试验是会失败的。

张军：对。我听说你在读中学的时候买过股票。你当时没有学过投资学，没有股票交易的知识。一个中学生竟然可以在证券交易所花钱买股票，这一点让我感到吃惊。你的父母能够接受吗？

斯科尔斯：他们能接受。我出生在加拿大北部的一个地区，那里有许多低价的金矿股，所以常常可以看到投机行为。有些人会在股市中进行赌博，赌股价是涨是跌、谁会是赢家。我对此很着迷，总是思考如何定价、如何确定经济价值的问题。所以我对金融的兴趣，部分来自对这些人行为的观察。

张军：那你在麦克马斯特大学主修的是什么专业？

斯科尔斯：我在麦克马斯特大学学了数学和经济学，并主要侧重于数学。大学毕业后，我不知道该干什么，就去了芝加哥大学。因为我读过乔治·斯蒂格勒（George Stigler）和米尔顿·弗里德曼的论文。

张军：他们都是伟大的经济学家。

斯科尔斯：确实伟大。我还读了哈佛经济学家们写的一些东西，然而我到了芝加哥大学后并不知道要干些什么。

张军：那是在1960年？

斯科尔斯：是在20世纪60年代，确切来说是1962年。我在那里做了一个暑期的电脑编程员，和那里的教授一起工作。或许是因为他们认为我有很好的想法，或许是因为我编程做得很好，他们给我提供了攻读博士学位的奖学金，于是我成了一名博士生。我想他们喜欢做研究。他们研究的是财富，所以我也研究财富。

张军：那你的导师是尤金·法玛（Eugene Fama）吗？

斯科尔斯：不是，默顿·米勒（Merton Miller）才是我的导师。我和默顿·米勒一起搞研究，我们一起做了许多事情。尤金其实是我的同代人，他比我年长几岁。我和尤金一起工作，和他交往，但我大部分的研究工作是跟米勒一起做的，我认为他是全面的经济学家，是个伟大的经济学家。与芝加哥的其他经济学家相比，我和他共处的时间更多一些。

张军：你是什么时候意识到，你的期权定价模型能够给世界带来巨大的变化，大大简化我们有关资产定价的思维方式？因为，在此之前，关于资产定价的所有理论都是和风险溢价相关的。

斯科尔斯：对。

张军：但你似乎认为这并不正确。你是什么时候意识到自己或许创建了新的或独到的理论呢？我对此很好奇。是在你读博士的时候吗？

斯科尔斯：不是。其实是在我去麻省理工学院任职的时候。

张军：那是你得到的第一个职位吗？

斯科尔斯：是的，我的第一个职位是在麻省理工学院的斯隆商学院担任教授。当时我在指导我的一个学生做硕士论文，他有一些场外交易市场的期权数据。就在那个时候，我开始触碰到了期权定价的问题。有趣的是，当时在我脑海中徘徊的首先是期权交易的时间问题：我思考的是期权交易的动态变化，我对它们的变化方式入了迷——可以观察到，期权交易中的风险程度始终在变化。而我对期权定价的真正思考则始于我从经济学的角度来分析期权。我和费希尔·布莱克（Fischer Black）讨论我的研究进展，因为我们在共同研究富国银行（Wells Fargo Bank）的一个项目，是关于为该银行创建指数基金的。

张军：布莱克当时也是教授吗？

斯科尔斯：不是。他当时是在一家咨询公司工作。他离开这家公司之后，我们共同创建了自己的咨询公司，合作为富国银行提供解决方案。我当时对他说，因为我在麻省理工学院，他可以多旅行几次，我们一起工作。我开始和他谈论期权，而他也在研究期权，思考期权的问题。就这样，我们共同创建了期权定价模型。关于模型的构建，有一件有趣的事情。该模型构建于1971年，并被运用于在纽约证券交易所和芝加哥期货交易所的证券和期权的交易。到了20世纪80年代，一切都变成了体验式的，投资银行纷纷改变了金融产品的生产方式，从原来的中间人角色——各代理方之间的中间人、买方和卖方的中间人、股票和债券之间的中间人——变成了主角。如果客户对某种结构性金融产品有需求，它们就会生产这种产品。这在金融业引发了一场彻底的革命，金融企业从原来的代理人变成了主角。它们可以为生产并出售别克牌汽车的通用汽车公司提供对冲风险的产品，而经销商本身可以为不同的汽车品牌，如TL、别克、本田等充当代理。这是一场新的革命，因为它加快了交易的速度，使其更个性化、更灵活。

张军：我听说你们的论文投稿好几次都被经济学期刊拒收了？

斯科尔斯：是的。

张军：那它为什么最终会发表在《政治经济学期刊》*上？

斯科尔斯：因为我们后来扩展了期权定价的模型。之前人们觉得它太晦涩难懂了，他们不明白这个模型演绎的究竟是什么东西。所以，除了模型的构建和证明，我们还解释了大订单期权的交易原理。

张军：那你认为该公式是太复杂还是过于简单了？

斯科尔斯：你如果不懂，那它对你来说当然是太复杂了。但它是不同寻常的，因为这个贴现计算公式提供了期权定价的方法，而不必知道预期收益是多少。

张军：关于这个公式，我读到过一篇数学家伊恩·斯图尔特（Ian Stewart）的文章，他在文中认为，你们这个公式毫无疑问是改变世界的17个最佳公式之一。你读过这篇文章吗？

斯科尔斯：我读过，是的。我们能够得到这么高的评价当然很荣幸。不过，当时我们只是想解决一个经济学问题。具体是怎么说的？ 17个最佳等式？

张军：改变世界的17个最佳公式之一，而且它是唯一一个社会科学方面的公式。我认为，对于经济学和金融学领域的教授群

---

* *The Journal of Political Economy*，一份由芝加哥大学主办的国际顶级经济学期刊。

体而言，获得这样的评价真是太荣耀了。

斯科尔斯：谢谢，是的。

张军：据说在这篇论文发表后，你预测到自己会得诺贝尔经济学奖？

斯科尔斯：哈哈，这很有趣。人们一直告诉我说，我有望赢得下一届诺贝尔经济学奖。那不过是预期而已。就像某些人总是声称他们应该获奖，而获奖人却声称他们不知道会获奖。但其实他们应该是知道的。所以，显然，总有人会想着获奖，不过也总会有很多不同的声音和不确定性的存在。有时候你也弄不懂他们是怎么选择获奖者的。尤其是当费希尔·布莱克去世之后。

张军：那是在你获奖的两年之前？

斯科尔斯：对，两年前。很遗憾，这件事让他们担心。在他活着的时候，他们对此并不担心。不过我一直在被提名的名单上，当然，有不同的声音存在，而且有时候还有激烈的讨论。

张军：那是。不过罗伯特·默顿（Robert Merton）教授好像几年后也获了奖？

斯科尔斯：不是，默顿教授是在1997年和我同时获奖的。

张军：哦，是这样。对不起，我搞错了。

斯科尔斯：他也构建了模型。我们已经提供了问题的一个解决方案，他提供的另一个方案其实是已经被证实的东西，但他运用数学中的连续时间概念，大大增强了解释的部分。而我们最初并没有引入这一概念。不管怎样，我还是喜欢用离散时间（discrete time）来解释，即各期权交易时间点的数值，也就是期权价格会变得越来越小。这与现实更贴近。假定我们有一个动态结构，但这个结构本身是恒定的。我们的解决方案有着更大的灵活性，因为在我们的论证中，最初的参数有了变化：波动率变了；利率变了；状态变量也一直在变。

张军：他比你年长？

斯科尔斯：默顿年长？不是。他比我小几岁，我是个年纪很大的老家伙了。

张军：不，不，你看上去很年轻。所以我还以为他比你大好几岁呢。

斯科尔斯：感谢你的恭维。不过，你要是这么对他说的话，他会感到难过的。下次你见到他的时候，可别说他看上去比我大。

张军：他说，他一开始并不关注你的研究工作。他说你邀请他出席你的研究汇报，但他睡过头了，所以没有露面。

斯科尔斯：没错，有这回事。

张军：他在写有关你的想法初步成形的文章里提到了这件事。

斯科尔斯：对。但是，猎人总能找到好的猎物。你知道，萨缪尔森（Paul A. Samuelson）在研究这个问题，默顿也在研究这个问题。同事之间的竞争会促使你将更多的时间投入到研究中去。在你能够公布成果之前，你会隐瞒你的领先地位。这样，你可以继续研究，直到有一天，你发现自己的研究有了长足的突破，才会将它公之于众。在麻省理工学院举行的研讨会上，有来自美国各地的金融学教授和经济学教授，我在那里第一次汇报了我的论文结果。我的证明过程震惊了在场的每个人，他们不相信我竟然能推导出这样的定价公式。

默顿当时睡过了头。三个星期之后，他来到我的办公室，对我说："我听说你在你的那篇有关期权定价的论文中没有运用效用函数的理论，那一定是错的。"我对他说："好吧，我们在舞会上讨论吧。"于是，我们这两个热爱学术研究的好教师和好学生在那里争论了好几个小时，然后他回家了。那是在星期三。到了星期六，他打电话到我家，对我说，他研究了我的解决方案后觉得那是一个与众不同的定价公式，比其他方法更好，因为我的证明过程阐明了它的原理。

那感觉真是好极了。作为同事的教师之间可以互相质疑，这使你能和最好的人合作，有机会向他们学习，和他们一起成长。

张军：但是人们还是把它称为“布莱克—斯科尔斯公式”。

斯科尔斯：对。人们之所以这样命名，主要有两个方面的根据。一个是这个公式的技术方面，即在任何动态环境下的任何期权的定价，那是技术。默顿参与了技术部分的扩展和改进。另一方面，为了让人们理解我们的研究工作，我们假定利率是常数，波动率也是常数，从而得出了一个模型，它被称为“布莱克—斯科尔斯模型”。基于这个模型的公式，完全是按照既定的参数得出的。模型是不准确的，因为我们假定了利率和波动率是常数。但是，这两个假定与现实是否贴近，取决于人们选择的交易时间是否合理。模型只是模型，它并不完全正确。正确的是技术，技术提供了正确的解决方案。如果在长期范围内，参数的运用是正确的话，没有人能质疑以此为基础的技术是有错的。

张军：这个观点很有趣。我能再问一个有关金融危机的问题吗？伯南克今晚要来这里，明天上午我要和他对话。*他希望我们的话题围绕货币政策、金融市场的稳定以及资产价格等。在此之前，我想了解一下你对其中有些问题的看法，比如，你是如何看待和衍生品相关的次贷危机的？

斯科尔斯：你看，到处有衍生品，到处有证券。大致来说，事物都是按照一定的法则混合在一起的。比如生存法则，你会问，乔治·斯蒂格勒也会问：能够生存下来的经济价值是什么？我认

---

* 参考本书前一篇对话《对话伯南克 大萧条和货币政策》。——作者注

为，衍生品给今天的市场带来的好处远远超过过去。如果没有掉期，什么交易都无法做成。如果没有掉期合约，市场价格会大大提高。所以我认为，衍生品真的管用。问题是，结构化产品也是衍生品，这在商业上是可能的。因为，在商业上，任何来自其他产品的东西都可以被称作衍生品。股票是衍生品，它是相关公司的债务和股权的衍生品；而债务则是相关公司的衍生品。从这个意义上来说，如果要怪罪于衍生品，那么所有人都有错。金融业有错，因为他们关于债务及其演变过程的假设是错误的。政府也有错，因为他们鼓励次优级抵押贷款的发放。我认为，货币政策也有错，因为利率定得太低。

张军：利率太低而且持续的时间太长。

斯科尔斯：对。所以大家都认为，一旦危机发生，那不是我的问题，是政府的问题。银行家说，那不是我的问题；政府说，不是我的问题，不是管制的问题。

张军：应该是政府的问题。

斯科尔斯：对，是他们的问题。如果某人获得政府提供的紧急援助贷款，他们并不承担信贷风险。我认为，我们必须明白，评估机构犯了严重的错误。我们来看看2000年发生了什么。那些银行开始考虑：我们的业务是什么？是让库存的资金周转起来，发起新的抵押贷款、信用卡贷款，等等，发起所有这些新的业务。让资金周转起来是需要付钱的，但我们必须动用这些库存的资金。所以，他们必须动用库存的资金，必须发放抵押贷款，必须发放信用卡贷款，必须开展这些业务。这些产品的有效持有人是谁呢？是保险公司，是养老基金，还有主权财富基金，或者冠上其他名称的类似机构投资者。于是，他们又说，让我们想想如何持续开展这些业务，如何让资金周转起来。资金库存是暂时的，让我们看看是否可以转移给别人。于是，他们就这样参与进来了。作为中介服务提供者的评估机构所作的评估使他们能够向感兴趣的保险公司、财富基金或其他机构投资者提供结构化金融产品。他们利用衍生品来对冲债务的结果是，他们利用评估机构和美国开了个玩笑。

评估机构运用时间序列对信用数据进行了分析，给出的都是AAA的评级，明明是垃圾，也能获得AAA的评级。评估前提是他们假定相关的结构性产品是独立的，但实际上是相互关联的。他们在进行这些结构性产品交易时签订过合同，即信贷违约互换合同（CDS, credit default swap）。结果便是，当那些结构性产品开始债务违约时，AIG垮了，银行垮了，因为他们的库存定价过高，售不出去。当他们意识到自己创造的结构性产品不像他们想象的那么稳健和高效时，恐慌出现了。

这一切为什么会发生？人们为什么会用房屋作为抵押来购买这些产品？代理机构为什么会出现问题？为什么局面无法控制？为什么没人监管？这些是我们应该提出的问题。我认为，在这些问题上，每个人在不同的方面都难辞其咎。

张军：对。你认为像这样的金融市场的巨大波动还会出现吗？即使美联储决定遵守所谓的“充分指导”（full guidance）原则，他们似乎也无法躲避利率的问题。

斯科尔斯：他们现在又遇上麻烦了。伯南克说出现倒V型反转是很容易的，我不相信。他们的货币政策有问题。如果有时间，我可以和你长谈货币政策问题。你们有这方面的专家，如果以后再安排一次面谈的话，我们就可以谈谈货币政策了。

张军：是呀，期待下一次面谈。在我们结束对话前，我还想顺便问一下，人们在提及你参与的长期资本管理公司（Long-term Capital Management）的失败时，认为这是个特殊案例，可以从中吸取教训。这些教训是什么？

斯科尔斯：关于此事存在着不同的看法。

张军：关于该公司的失败，你有什么观点和我们分享呢？

斯科尔斯：公司唯一的错误是，它向投资者承诺，其产品有40%的投资回报，波动率是20%，交易方式是杠杆式的。这个承诺的前提是，你必须减少杠杆率，减少和其他中介的交易。如果你同时从提供市场再保险业务的中介那里购买产品，就有大问题了。公司的合伙人之间曾经争论过，我告诉他们，公司不该减少资本，而应该增加资本。可以增加资本，但不能提供如此高的回报率和如此高的波动率。中间业务最好不能有太高的杠杆率，不能有太大的风险，必须减少风险。如果能减少风险，就能生存下去。公司基本上深信，那些相关结构性产品是风险分散型的，而它们其实是风险集中型的，存在高度的相互关联性。我在这场争论中失败了，情况就是如此。我其实早在1998年就不想干了，因为我还有个研究项目要完成。

公司失败的基本原因就是，本该减少风险，却采取了增加风险的行动。风险是把双刃剑：可以让你赚很多钱，也可以使你遭受重大损失。因此，对于企业，尤其是对从事杠杆式交易的金融业而言，选择合适的风险程度才是明智的。这是从事杠杆式交易的金融业和其他任何行业应该吸取的教训。但没人真的吸取了长期资本管理公司的教训，因为之后我们又从参与的其他事件中吸取了同样的教训。

张军：那你现在研究什么？

斯科尔斯：我现在研究的是动态风险管理：风险的动态变化及其测量、风险的变化轨迹、如何利用这些信息进行投资组合的管理。关于这方面，我认为，在期货市场，在再保险市场，都有许多相关信息。当今的经济学家们会花很多时间来预测经济的基本面和经济的变动方向，却不研究市场价格。但市场价格传达了大量信息，我们可以从中获取信息，尤其是在提供“尾部风险”*信息的市场上了解风险分布的变化轨迹。我利用这些信息，把它们纳入建模中，来研究成本问题。这是我的另一篇论文的研究主题。那篇论文是研究和财富价值投资约束相关的成本的，其中提出了很多问题，比如，我们如何找到这些约束？当约束存在时，

* Tail risk，不太可能发生，但一旦发生破坏性巨大的风险。

这种约束是不是有成本或影子成本（shadow cost）？就失去的回报（lost return）或隐含的回报（implicit return）来说，我们应该怎么办？投资者怎么去降低这些成本？应该采取什么方式来降低这些成本？这么做在多大程度上影响市场价格？总之，在这样一个我们认为一切都是外生的交易世界里，这些约束对投资活动有什么影响？对价格和回报有什么影响？

张军：听上去很有趣。很高兴和你见面，抱歉花了你那么多时间。

斯科尔斯：不，不，我很享受我们的对话。

2015年5月24日上午于复旦皇冠假日酒店

（听译：孟俭）

斯科尔斯
小传

迈伦·斯科尔斯（Myron Scholes），1941年生于加拿大安大略省。因为家庭缘故，自幼就对经济学产生兴趣，而他的双亲在他就读高中时就帮他开设账户来投资股票市场。1962年获加拿大麦克马斯特大学经济学学士学位。后就读于美国芝加哥大学，师从默顿·米勒教授，1969年获芝加哥大学经济学博士学位。1968—1973年执教于麻省理工学院，1972—1983年执教于芝加哥大学，1983年至今执教于斯坦福大学。

斯科尔斯与已故的经济学家费希尔·布莱克于1973年在芝加哥大学的《政治经济学期刊》上发表著名的“期权定价和公司债务”一文，写出并证明了他们的期权定价公式，即著名的布莱克—斯科尔斯期权定价公式。该公式与以往期权定价公式的重要差别在于它只依赖那些可观察到的或可估计出的变量，而非对未来股票价格的概率分布的估计和对投资者风险偏好的假设进行推导。这篇论文的开创性想法为他们带来了极大的学术荣誉。布莱克—斯科尔斯期权定价模型对金融市场的后续研究产生了广泛而深刻的影响。因为这一革命性贡献，斯科尔斯和芝加哥大学的罗伯特·默顿教授共同荣膺了1997年的诺贝尔经济学奖。

张军　　对话　　皮凯蒂

21 世纪的资本

我非常喜欢资本。我希望每个人都拥有资本，因为它是有用的。问题是不平等和透明机制的缺失。这个问题就是我的书的结论：我们需要更加透明的财产和收入分配的制度。西方拥有资本所得，中国也是。每个国家都需要更加透明的制度，这样不同的收入和财富阶层才都能从增长中获益。

在“中信书院”的安排下，《21世纪资本论》一书的作者、法国巴黎经济学院的经济学教授托马斯·皮凯蒂偕夫人于2014年11月11—13日首站到访上海，开始其中国之旅，为《21世纪资本论》中文版的出版发行做宣传。

“中信书院”的仇勇先生在皮凯蒂来上海之前，大约提早五周就联系了我，希望我能在皮凯蒂逗留上海的紧凑日程中找出一个间歇与他进行一次面对面的对话。我原计划11月7—14日访学美国，刚好与在上海的皮凯蒂失之交臂。“中信书院”方面与我沟通，希望我考虑要么推迟一下赴美的时间，要么11月13日从美国直接飞往北京，以便11月15日在京完成这个对话。考虑到选择后者难免舟车劳顿之苦，我还是倾向于调整访学美国的时间，并最终与美国方面协商，将赴美的时间推迟，改为11月13日飞往美国，而与皮凯蒂的对话也就只有安排在11月12日那一天。由于皮凯蒂11月12日9∶30被安排在复旦大学美国研究中心的谢希德报告厅发表在上海的首场演讲，我与“中信书院”方面商量，可否把我与皮凯蒂的对话就安排在当天一大早进行，地点也放在美国研究中心，以方便他之后的公开演讲。我唯一担心的是，皮凯蒂夫妇11月11日夜晚才飞抵上海，能否次日一大早就从浦东香格里拉酒店赶来复旦大学。没有想到，皮凯蒂爽快地答应了我的建议。“中信书院”邀请的专业摄影团队在11月12日那一天很可能在天亮之前就赶到美国研究中心的贵宾室忙着搭起摄影棚了。

那天早上我到贵宾室稍早，不一会儿，皮凯蒂就风尘仆仆地赶到了。其实我是第一次见到他，没想到他个子那么高，穿着牛仔裤进来，的确非常年轻。我们之间的对话当然是用英语进行的，不过皮凯蒂的英语带有非常浓重的法国口音，对此我没有问题，但要找人把我们这次对话的录音翻译出来，并非易事。最后还是在北京经过一番周折找到了能听懂他口音的人才最终扒出词来——尽管有太多的误译。我重听了全部录音，核对了全文，并对个别地方的误译和遗漏根据录音做了纠正和补充。以下是我们对话的全文。

张军：汤姆，你好。我是张军，复旦大学的经济学教授。很高兴在复旦大学与你见面。我知道你是昨夜与夫人一起飞到上海的，希望你的时差反应不严重。你很年轻，不过你看上去比实际年龄还更年轻啊。

皮凯蒂：呵呵，是吗？我还可以，好像还没有时差反应。我也很高兴与你见面。

张军：汤姆，我知道你的这本书2014年4月才在美国出版英文版，不过，我在哈佛广场周围的书店里看到，你的书被摆在了哈佛书店最显眼的地方，显然已经成了畅销书。后来我路过波士顿城里的其他书店，一进门看到的还是你的书。你想到过这本书在美国会如此畅销吗？

皮凯蒂：那倒没有，至少一开始不会想到。

张军：你的书不仅畅销，更有美国著名经济学家写了很好的书评。比如，诺贝尔经济学奖获得者保罗·克鲁格曼（Paul R. Krugman）和约瑟夫·斯蒂格利茨（Joseph E. Stiglitz）都写了评论。我还特别注意到更早的一位诺贝尔经济学奖获得者、麻省理工学院的罗伯特·索洛教授对你的书也给予了很高的评价。你知道，我特别尊重索洛教授在很多问题上的看法。

皮凯蒂：2014年4月，在华盛顿有一场关于我的书的公开活动。因为这个，他为我的书写了一篇很好的评论，而且他写的篇幅很长，很深刻。

张军：是的，他对你的评价很高。你在巴黎高师读完博士，后来又在麻省理工学院工作过一段时间，我猜测你们俩的关系应该不错吧？

皮凯蒂：要知道，其实我们俩交往不算非常深。毫无疑问，在麻省理工学院我和他有过多次交谈，而他总是很支持我。他是个很仔细的读者，阅读得很细致。你要知道，有时候很多经济学家其实是不怎么读书的。但索洛是读的，而且读得很好。他年纪这么大，非常了不起。

张军：我读了他写的评论。其实一开始，我真的担心他很可能是唯一会批评你的美国籍的诺贝尔经济学奖得主。但后来我发现他对你的这本书评价很高，说《21世纪资本论》是非常棒的书。我注意到，索洛特别关注了你使用的数据库。他对你的数据好像非常有信心。

皮凯蒂：是吗？你读了那篇文章？他的确非常关注我们的数据，而且他还注意到了这本书的技术附录。实际上，这些内容在网上是公开的，但很少有人会去读它们，但是索洛读了。我发现，他很仔细地读了这本书的技术附录以及有关这些技术的评论和讨论。

张军：说到索洛教授，我想起了另一位经济学家。我想你应该很了解他，而且他应该是你密切合作过的人。他就是英国牛津大学的经济学家托尼·阿特金森（Tony Atkinson）教授。

皮凯蒂：是的，当然。

张军：我记得他，那是因为25年前我在伦敦政治经济学院有过一段时间的求学经历，托尼给我们讲过课，属于短期课程。后来，大概在1997年我去他在牛津大学纳菲尔德学院的院长办公室拜访过他。我很早就知道他在收入分配方面的研究非常出色。我还记得一个叫约翰·希尔（John Hill）的英国年轻经济学家大约20年前在伦敦政治经济学院创办了一个研究英国收入分配不平等问题的研究中心，而托尼经常光顾那里参加学术报告会。我那时候正好在伦敦政治经济学院的丰田—三得利中心做为期半年的研究工作，所以知道这些。我记得你在书里也提到过托尼·阿特金森教授，你说你的研究背后有一个收集和整理欧洲和北美收入和财富分配的数据库，而这个数据库是由一个包括托尼·阿特金森教授在内的数十位经济学家的大团队长期做出来的。托尼显然是其中的主要人物。那个数据库的项目是从什么时候开始的？

皮凯蒂：这个数据库项目是在1997年或1998年左右开始的。当时我意识到很多国家所得税的历史数据从来没有被收集和整理过。哈佛大学的西蒙·库兹涅兹（Simon Kuzncts）教授1955年在美国做了这项工作，他是第一个为美国计算国民收入并建立其理论的经济学家，也是第一个使用所得税数据去建构收入分配统计理论的经济学家。但是，他的这些工作并没有被延展到更多的国家和时间段。我首先为法国做了这项工作，然后托尼也干了这件事。实际上，他也是我的第一个读者——他的法语很好。而我因为与托尼合作，从此就开始用英文写作。随后我们开始为很多国家做这项研究。我为美国做了这项研究，托尼为英国、阿根廷和印度做了类似的研究。顺便说一下，我最近打算和钱楠筠*一起

*　Nancy Qian，现执教于耶鲁大学经济系。

用中国的数据来做个研究，她在上海出生，家也在上海。总之，这些年来我们已经将数据库延展到了超过20个国家。我当时也不知道自己会有什么发现。我去做这件事只是因为，数据就在那儿，又没人整理收集过。人们总是在为不平等而抗争，但他们并不知道自己在抗争什么。所以你要知道，我的书并不是在提供一个抗争不平等的战场，但是起码人们会更了解他们在抗争什么吧。

张军：你说得很对，数据库非常重要，而有时候人们往往视而不见。顺便问一句，包括托尼在内的这些人会嫉妒你的这本书吗？

皮凯蒂：你指的是我的这些同事还是其他经济学家？

张军：我指的是那些为这个数据库项目做出贡献的人，包括托尼。

皮凯蒂：我没怎么注意到这些……可能有一些人会嫉妒，但是他们没告诉我，所以我不知道。

张军：我这么猜，是因为你们是一个很多人一起合作的大团队，而只有你一个人写出了专著。

皮凯蒂：啊，你说的是我的研究团队里的人？我不这么认为。我认为在数据库方面工作的大多数同事，他们在不平等和收入分配的论点上是相互一致的。每一个为数据库做出贡献的人在学术界都获得了很好的声誉。所以我认为嫉妒应该是不会发生的。

张军：在你来上海之前，复旦大学有一场关于你的书的研讨会，我也出席了一小段时间。会上有很多人是以研究马克思的《资本论》而著称的经济学家。我介绍并评论了你的书的一小部分，在我做完评论之后，我就注意到会上的确有很多人非常向往读你的书，还有些人可能已经读过了。他们也对你的书做出了自己的评论。例如，有一位来自北京师范大学的李实教授是研究中国收入分配问题的专家，他在发言中说，很难理解为什么你用资本去定义财富。在他看来，财富是一个更加广义的分类，比资本要宽泛得多，因为教科书里定义的资本是生产性的或者物理性的概念，如机器设备和建筑物等，当然，这个概念后来被芝加哥大学的经济学家推广到了教育和技能方面，也就是所谓的人力资本。但是相对于资本的概念，财富的概念就包罗万象了，比如“金融资本”是财富的概念，“储蓄存款”也是财富的概念，“土地”和“黄金”也是财富的概念。我想知道为什么你把它们放到了一起并且都说成是资本？

皮凯蒂：我觉得这个问题很好。我想，理解资本和资本资产的所有种类和形式非常重要。我在书里展现的是资本的多维度的历史，因此不动产的历史和制造业资本的历史肯定是不一样的。金融资产、外国投资、农业用地或者公共资产，这些都是资本资产的不同形式。而它们都有各自不同的历史。当你想把这些资产加总起来，你想说这是国家的资本存量，你就只能把不动产、商业型的和金融型的资产全部加总，以市场价值计算。但是，你要明白你这么做是很抽象的，而我在书里说得很明白，如果你真的想理解资本的历史，你必须分开去观察不动产、商业资产、金融资产，等等。不同种类的财富和资本可能引起的政治冲突不同，导致的资本所有者与劳动所有者之间的谈判能力也不同。当然了，若要在中国和欧洲估算国家的资本存量的总价值从某种目的上来说还是有用的，因为这样你可以做跨国的和跨时期的比较。比如，在跨时期的比较上，你会发现欧洲目前的资本存量的总价值占GDP的比例几乎快回到了第一次世界大战之前的水平。另外，你可以对不同的社会也进行这样的比较。不然的话，跨时期的和跨国的比较都是困难的，因为资本资产的性质和结构随时间发生了很多改变。18世纪和19世纪时，农业用地非常重要，而现在它们一点儿都不重要了。但是要真正理解资本存量的结构变化的过程，我觉得我们要分开研究动产和不动产。因为它们的相对价格在一些国家改变了很多，而在有的国家却可能没有什么变化，所以你要将不同种类的资本分开研究，那正是我在做的。

张军：人们谈论一个国家积累起来的资本存量时，通常认为土地不应该被作为资本存量来看待。因为即使土地价格上升了，一个国家的资本存量也不会真正增加。不过，在你的书里，你好像把土地也视为资本了。

皮凯蒂：你要知道这很复杂。我想关于资本的价格问题总是复杂的。土地的价格很复杂，当然机器设备的价格也很复杂，商业资产的价格也复杂。资本的价格总是容易变化并且经常变化的，无论是土地的价格、不动产的价格或者公司股票在市场上的价格，它们的变化总是很大，所以给资本标价其实是很困难的。我想不动产的土地和股票是不一样的。我认为，如果只是排除掉土地或者只是排除掉不动产就过于简易了，因为你要明白，即使回到18世纪或19世纪，农业用地的价值也不只是纯粹的自然资源。通过改善土地，它可以确切地影响到很多土地上的生产性投资。如果你想要计算土地的纯粹价值将是非常抽象的，得考虑到中国或者欧洲的土地在史前时代就被发现和开发了。纯粹土地的价值很小，而农业用地会增值的原因在于有了对土地的投资，这和一个公司购买和积累生产设备并没有太大不同。这就是为什么在我的书里，我把每件东西都加入了我的资本概念。当然，我接下来分开观察了土地、不动产和商业资产，因为即使把这些概念放在一起很重要，但如果你想更好地理解一个黑匣子里放的到底是什么，你得打开它并分别观察里面的每一件东西才行。

张军：我前不久在往返首尔的航班上读了你这部作品的中文版，特别是第二部分的那几章。我尤其仔细地阅读了你称之为“资本/收入比的长期变化趋势”的那一章。你在书里观察到，即使回溯200—300年，这个比例似乎也不升不降，基本保持了稳定的态势。换句话说，资本/收入比在绝大部分时间里一直是稳定的。但我记得今年夏天在波士顿，我和一些教授一起吃了晚饭，顺便向一些经济学家同行提到了你的这个发现。在场的一位经济学家脱口就说:“这可能是核算上的问题造成的。因为资本是随时间在累积性的增加，而收入是一个年度的流量概念，所以这个比例应该随时间持续增长才对。”这个解释你认同吗?

皮凯蒂：我认为这个比例并不一定是随时间持续增长的。

张军：但与此同时，我也在想，即便资本占收入的这个比例从长期来看是上升的，是不是一定意味着资本的所得占国民收入的份额持续上升呢？是不是资本的所得会越来越集中于少数人群中呢？我的意思是说，如果资本/收入比是持续上升的，是否意味着资本的所得会不断接近于全部国民收入呢？

皮凯蒂：那倒不一定。当你计算资本/收入比的时候，你会怎么做？我们会看所有资本资产——土地、不动产、商业、金融资产，然后你用它去除以一年的国民收入，也就差不多是一年的GDP。国民收入是用GDP减掉资本折旧再加上净收入算出来的，但和GDP也很接近了。我们观察到的是，以英国和法国这样有长期时间序列数据的国家为例，从18世纪开始直到第一次世界大战以前，资本/收入比都很稳定，在法国和英国大约是600%—700%，也就是说，资本的总市场价值相当于6—7年的国民收入，而且它并没有增加，也没有减少，从18世纪到第一次世界大战之前都是这样。当然，这并不意味着经济停滞，相反，经济增长依然很快，工业革命也在进行。只是分母和分子，也就是资本存量和收入都按同样的速度在增长罢了。这对社会和经济结构的转变具有深刻影响。1913年，农业用地在英国和法国的国家资本中没有任何意义了，虽然在18世纪，农业用地仍至关重要。但是，通过工业革命，自然资本有了一个彻底的转变。不过，1913年资本/收入比依然是稳定的。接下来到了20世纪，暴力冲击和各种事件的罕见组合导致了第一次世界大战、经济大萧条和第二次世界大战之后的资本/收入比的降低。到了20世纪50年代，法国和英国的资本价值下降到了国家2—3年的收入，而不是1914年的6—7年的收入。而从20世纪50年代开始，经历60年代和70年代，甚至到今天，资本/收入比一直在上升。但这仅仅是一种恢复性的上升，只是因为20世纪50年代太低了。你要知道第一次世界大战和第二次世界大战对长期资本积累的冲击是巨大的，从这种冲击中恢复过来要花很长的时间。

我这本书的一个基本发现是，如果我们想要理解21世纪，我们必须要意识到资本存量的恢复过程是要花很长时间的，它们通过很多代人才能积累起来。而且要看到，哪怕是恢复性的，资本的积累加快不仅对生产结构，而且对社会结构都有着重大的影响。因为当你的资本/收入比更高的时候，也就意味着在特定条件下会使得不平等问题变得更加突出。中国现在也是这样，资本的积累快于收入的增长，内部财富分配和收入分配的不平等程度也在提高。但是却不存在资本/收入比不断上升的长期趋势。

张军：我明白。不过在你的书里，尽管资本/收入比就长期来说是稳定的，但资本所得占国民收入的份额长期来说却是不断增加的。这倒让我想起了经济学家的一些早期发现，这种发现被定义为“卡尔多典型事实”（Kaldor stylized facts），其中一个就是几乎稳定不变的资本所得占国民收入的份额。看起来你在挑战这个事实。

皮凯蒂：没错。“卡尔多典型事实”并不是真正的事实。在经济学教科书里我们要很小心，因为在经济学里有时候我们对某件事不了解，我们就倾向于假定它是不变的。如果你只有一天的数据，那么每件东西都可能是不变的。但当你拥有更多的历史数据，你就会意识到“卡尔多典型事实”并不是事实。在第一次世界大战之前，资本/收入比在欧洲国家差不多都是稳定的，但资本所得占国民收入的份额却是持续上升的。只有在20世纪的一段时间里它有了一些改变。从理论上来说，没有任何原因让我们相信它应该保持不变。事实上，如果你使用索洛和其他人发展起来的现代经济增长的标准模型，资本或者任何的投入/产出比率都可能会在均衡的路径上，因为生产相同数量的东西，资本和劳动力之间可以相互替代，你可以有不同的生产技术，可以有不同的要素组合来生产出相同数量的东西。例如，你可能有资本非常密集的技术，也可能有劳动非常密集的技术。但是没有理由认为“卡尔多典型事实”应该是个事实，它的确不是事实。

张军：如果“卡尔多典型事实”不能成为事实，那么在理论上就意味着资本和劳动之间的替代弹性在长期来说应该大于1，你认为会是这样吗？

皮凯蒂：这是个很复杂的问题。我研究中的观察结果表明，在1970年、2010年和2014年，大多数国家，特别是大多数欧洲国家的资本/收入比是上升的，而与此同时资本所得占国民收入的份额也在上升。理论上说，因为标准的理论模型是单一部门的资本积累模型，并且假定了市场是完全竞争的，那么在这一模型里，逻辑上唯一能让资本/收入比的上升和资本所得份额上升同时发生的原因，就只能是资本与劳动的替代弹性要大于1了。是的，从逻辑上来说，这是唯一能确保二者都上升的原因。可是，这个解释正确吗？我不太肯定，因为在现实世界中，并不总是存在完全竞争的市场，而且资本一方的谈判能力在增加，工会的力量在衰弱，全球化和国际竞争对资本的吸引能力等也都会让资本相对于劳动变得强势。这可能对资本所得在国民收入中的份额上升也起到了重要的作用。而且，我认为一个正确的理论模型应该是考虑多部门的模型。比如，从现实上来说，资本/收入比的上升和资本所得份额的上升可能与房地产和能源两个行业有相当的关系。这两个行业都是资本高度密集型的产业。房地产行业几乎完全依赖资本。你建造了大楼，然后就不需要劳动力了，你拥有的大楼可以进行租赁业务。能源行业也是资本密集型行业。也许在将来，资本与劳动之间替代弹性大于1的技术会越来越多，比如现在人们谈论很多的机器人技术，或许在2030年或者2040年，机器人的使用可能会变得很普遍，也更重要。但是在目前，对于我们理解为什么资本/收入比的上升和资本所得份额的上升会同时发生，房地产和能源两个行业比机器人技术更重要。所以，如果我们想理解资本所得份额的上升和资本/收入比的上升，我们就得研究这两个行业。其实，在这方面，一个合理的模型就应该是多行业的模型。但是，出于教学的目的，你当然可以把这个多行业的模型重新解释为资本与劳动的替代弹性大于1的单一产品的模型。但这么做会很抽象，因为实际上，除了资本与劳动的替代弹性大于1的技术之外，你会看到也存在着部门间的替代。很多钱流向了房地产和能源领域，这就使得整个经济的资本密度提高了。

张军：上面我们其实是在理论上或逻辑上讨论了你书里的那个重要发现，就是资本/收入比和资本所得在国民收入中的份额之间的关系。下一个问题涉及你的著作的核心命题，就是 r＞g*。你在书中反复说，历史上看，r＞g 总是成立的，所以，资本的所得在国民收入中的份额就不是稳定不变的，而是不断上升的。虽然你说这是从经验数据中观察出来的，不是逻辑推导出来的，但很显然在你看来，这与之前我们谈到的资本所得占国民收入份额的上升应该是有因果关系的。有一位受人尊敬的经济学家黄有光（Yew-Kwang Ng），从澳大利亚莫纳什大学退休后受聘担任新加坡南洋理工大学经济系温思敏（Winsemius）讲座教授。最近他写完了一篇评论你的著作的工作论文，题目是 "Is an Increasing Capital Share under Capitalism Inevitable?"（在资本主义之下，资本的份额一定是上升的吗？），并将这篇文章发给了我。他想看看是否可能把你上述的这一观察的逻辑用简单的数学公式写出来。他这样做了。但他发现，在逻辑上，r＞g 不是资本所得占国民收入份额上升的充分条件。如果要让 r＞g 成为资本所得份额上升的充分条件，资本的增加就必须大于资本的所得，这意味着，即使资本所有者完全不消费，也不能满足这个条件。我不知道你有没有读到过或者听说过这篇文章，我可以发给你。

皮凯蒂：我没有注意到，请发给我看一下。让我先解释一点。我当然同意，对于收入不平等问题而言，r＞g 并不是必要的和充

---

* 资本的回报率大于经济的增长率。

分的，还存在着其他的机制，但它却碰巧是重要的。

张军：特别是当你观察历史数据的时候，你很难忽略这个条件，的确，r总是会大于g。就像你书里说的，即使经济出现衰退和萧条，出现负增长，你借我的钱也要偿还我约定的利率，5%。对吗？

皮凯蒂：是的。让我来试着解释一下为什么r＞g在人类大多数历史上都成立。因为在人类历史的大多数时期，直到第一次工业革命或者19世纪以前，经济的实际增长率都接近于零。所以r比g大，因为g是0%。而在传统的农业社会中，无论是中国还是欧洲，投资回报一般都是5%左右。土地的年租金一般也都是土地价值的5%。

张军：对不起，这些回报率是实际的还是名义的？

皮凯蒂：这是实际回报率。在人类大多数历史中，包括在19世纪，一般是没有通货膨胀的，所以除了特定的崩溃时期，持续的通货膨胀是不存在的。所以r当然比g大，因为r是5%而g是0%。这就是传统的农业社会。而r比g大实际上构成了社会的基石，因为这能够使得有产者和贵族们可以靠财富生活，从而能够让他们去考虑生活中和生活以外的其他问题，而不是只想着要怎么样活下去。他们可以研究科学，研究文学，或者是去跳舞。所以它是传统社会的基础。你知道，我书中的一个重要发现是，现代的工业革命并没有像人们所想的那样能真正改变r和g的关系。在19世纪，经济增长率从0%增加到了1%—2%。股票市场的投资回报率也从5%增长到了6%—7%，而资本的长期回报率以工业投资的新形式甚至达到了7%。在20世纪，只有第一次世界大战、第二次世界大战这种非常特殊的事件会导致经济在战后迅速增长。在欧洲和日本，增长率在20世纪50年代、60年代和70年代都是6%，这就算是一个奇迹了。现在的中国也是一个奇迹。但是，中国经济不会永远保持10%的增长率。历史告诉了我们，对大多数国家而言，你不可能永远保持5%的增长率。从长远角度来说，当你处于世界科技前沿的时候，生产率的增长率可能在1%—2%。这比投资回报率要低很多。这并不是说不平等的程度会变得无限大，而是意味着不平等会保持相当一段时间。所以如果r是5%而g是1%，这就意味着拥有大量财富的人只需要用他们资本收入的五分之一去投资，他们就可以继续享用他们的财富——假如没有税的话。从理论上说，这是你在任何经济模型中都能得到的结论。没有哪个经济模型里的r和g会是相等的。在标准的经济模型里，r总是比g大，因为在标准经济模型中，存在着我们的时间偏好率。

张军：是的，如果我按5%的利率把钱借给你，不仅意味着我愿意放弃当前的消费而换取未来的消费，更因为当前对我来说比未来重要，所以未来要加上5%才能弥补我放弃的当前。

皮凯蒂：是的，就像你说的，只要你的时间偏率是正的，那么r和g之间就会不等，就会产生差距。这一点并不是我的创新，而我的书创新的地方在于我把r＞g与收入不平等联系在一起了。

为什么20世纪西方大多数国家，包括美国在“二战”后会出现一段时间收入分配上的所谓“黄金时代”？我想可能是因为资本存量的积累和战后重建的历史非常时期都很长。1914—1945年之间的资本减少，1950—1980年之间的经济重建又花了非常长的时间。这个时间长得令我们都觉得这种新的状态会是永恒的。但事实上这其实只是一个非常的状态，只是一个过渡时期。随着未来中国与其他新兴市场经济国家不断收敛于西方国家，这个过渡时期就会结束。之后，我相信这个世界上r还是会越来越大于g，因为世界经济的增长率最终会回落下去的。

张军：我最近读到了哈佛大学前校长拉里·萨默斯和他的同事尚未发表的论文，论文的题目叫“Regression to the Mean”（回归到均值）。他们在文章里说，就长期而言，每一个奇迹般的经济体的增长率最终都会回归到全球的平均值。所以“回归到均值”会是一种长期的趋势：无论经济看上去是上行还是下行，增长率最后都会回归到均值，这几乎是不变的。不过，这并不能排除短期偏离均值的增长现象的发生，因为回归到均值这个趋势会迫使企业家创造一些商业机会。如果我把钱借出去，利率是5%。你借了钱要还本付息，你就必须寻找一个机会，使自己的投资回报高于5%。但是从长期来说，因为投资会产生竞争或是其他因素，你无法一下子获得足够的回报去偿还自己的借贷。所以在这个长期趋势下，你就必须不断去创造机会，使得投资更有回报，为的是把借贷还回去。我想在长期来看，这可能反而会催生一种经济增长的动力，虽然最终这些机会变得越来越少，难以阻止经济增长率长期回落的趋势。

皮凯蒂：是的，很好的看法。

张军：换句话说，我的意思是，r＞g不一定表明经济不增长，因为资本要寻找更高的回报率，经济因此反而得以增长。

皮凯蒂：没错，我同意。资本积累非常重要，r比g大当然很好。只是我们要找出方法和政策去帮助人们来获得资本积累的好处。唯一不好的一点是，如果资本过度集中，财富分配不均的持续时间将会过长。所以我唯一担心的事情是，我们不想再回到资本过于集中的状态中去，那种状态我们在第一次世界大战之前的几乎每一个社会时期都遇到过。你知道，有一项研究对我影响很大，那就是对于1870—1914年之间的研究，这段时间我们有时称其为第一次全球化的时代，这段时期也是殖民力量非常强大的时期。在同一时间，法国和英国都是非常不平等的国家，可以说是极度的不平等。世界的其余地区当然也是，因为英国和法国是世界其余地区的大买家和财富拥有者。我想你们肯定也知道这些。研究这段时期非常有趣，因为同一时期也产生了大量的发明。在这段时期里我们发明了汽车、电、广播、跨国投资，等等，所以这种经济不是静止不变的。这些发明起码是和“脸书”、微软一样重要的。

张军：是啊，正是这些发明使投资的回报大大提高了。

皮凯蒂：正是这样。在发明与革新飞速增长的同时，不平等也是巨大的。在那段时期，那些国家里的精英分子，比如在我的祖国法国，他们是有点儿拒绝平等的。他们不想接受社会变革、福利国家和累进税。我们应该意识到，虽然r＞g是有利的，资本积累是有利的，这些都很重要，但我们也需要有强大的、民主的财政制度及教育制度，这样才可以确保每一个人都会因为r＞g和资本积累而受益。我非常喜欢资本。我希望每个人都拥有资本，因为它是有用的。问题是不平等和透明机制的缺失。这个问题就是我的书的结论：我们需要更加透明的财产和收入分配的制度。西方拥有资本所得，中国也是。每个国家都需要更加透明的制度，这样不同的收入和财富阶层才都能从增长中获益。

张军：我注意到在你的书里提到，斯堪的纳维亚国家的公平性比欧洲其他国家都要做得好。你认为它们能成为其他国家的榜样吗？

皮凯蒂：我想我们要从每一个国家学习好的东西，而斯堪的纳维亚国家拥有一个非常有趣的模式。在欧洲，一个有趣的现象是，税赋收入占GDP比例最高的国家往往也是最富裕的国家，比如丹麦和瑞典。你要知道它们GDP中的一半都是税赋收入，但它们很富有。而那些最穷的国家，比如保加利亚和罗马尼亚，它们的税赋收入非常少，GDP中只有20%是税赋收入。所以如果税赋收入足够低就可以让国家富裕，那么保加利亚和罗马尼亚应该比丹麦和瑞典更富裕。丹麦和瑞典的有趣之处在于，虽然税很高，但它们的产值也很高，竞争力很强，因为它们使用税赋收入去投资建设了非常好的公共服务、基础设施，以及教育和医疗，等等。这是个非常有趣的例子。但这是唯一的范例吗？未来这个范例会成为世界的榜样吗？我不知道。瑞典和丹麦都是小国家，而我想今天的一个很大的挑战在于如何使大型政治共同体实现良好的治理和运作。欧盟是一个有着五亿人的大型共同体，和中国相比小一点儿，但比美国要大多了。当然，它的运作不太好，我们要组织好大型政治共同体，这样它们可以用有效的方式监管金融资本主义。这种东西我们没办法从丹麦和瑞典那里学习到。我们必须要有新的政策，比如在欧洲层面和全世界层面更加透明的金融机制。所以很不幸，有一些新的挑战，使得我们没法从斯堪的纳维亚国家那里把它们的做法照搬过来。当然，从它们那里能够学到的还是很多的。

张军：非常好的论点。谈到这儿，我觉得应该提一下卡尔·马克思了。你在上大学的时候读过他的书吗？

皮凯蒂：在大学里读过一点点。后来我又捡起来继续读，虽然它有点儿难。要知道1848年发表的《共产党宣言》很容易读，而且语言很美，而《资本论》就很难读了。

张军：你读的是法语版本吗？

皮凯蒂：是的，我读的是法语版的。我的德语不太好，我用德语阅读不太行。

张军：你和别人一起建立了巴黎经济学院。我很好奇，你怎么会干这个？你是怎么想的？这所学院会成为伦敦政治经济学院的竞争者吗？我是说你们建立它的目标是什么？

皮凯蒂：这的确是一所新学校，不过它是建立在非常古老的法国制度的基础上的。事实上，巴黎经济学院严格上来说是一所私立学校。这个学校的创立者来自法国一些古老的公立学校，这些学校没有太强的经济学基础和传统，它们的传统学科包括数学、哲学、历史学和社会学。但是经济学在法国历史上不是一个非常重要的学科，在大学里也不是一个很有声望的学科。这是一件好事，因为这就使得经济学家必须保持谦卑，并且要能够使历史学家信服。我从麻省理工学院回到法国去参与创立巴黎经济学院的一个原因，就是想使政治经济学的研究更具有跨学科性，也就是能够更多地与历史和社会学结缘。巴黎经济学院不是想要和伦敦政治经济学院去竞争。它是想要让法国的精英教育机构参与到经济学重大问题的研究中。因为对于外国学生，比如从中国和其他国家来的学生来说，说“我是从巴黎经济学院拿到硕士学位的”，比说从那些有着复杂法语名字的学校获得学位，听上去要好一些。所以这更多是一个商标性的名字，这个机构想使巴黎的机构在经济学方面更加为人所接受。现在我们在经济学上排名欧洲第一或第二，世界排名第七。我们干得还不错。

张军：学习和教学用的语言是法语吗？

皮凯蒂：不是，是英语。

张军：很好。最后，我忍不住还是想当面问你一下，你认为自己会是第一个来自巴黎经济学院的获得诺贝尔经济学奖的教授吗?

皮凯蒂:我不知道。我还很年轻,所以目前这还不算一件很重要的事。而且我觉得对于我个人而言,我更多是把自己看作社会科学家,而不是经济学家。我认为,经济学和社会学以及历史学之间的界限并不是非常分明的,起码它们不像经济学家假装的那样分明。我不太愿意使用经济科学(economic science)这个概念,我更喜欢社会科学和政治经济学。我想我们不应该那么标榜自己是经济学家。

张军:那我明白了。我记得20多年以前,法国经济学家莫里斯·阿莱(Maurice Allais)获得过诺贝尔经济学奖。但是今年法国人的确给了世界很大的惊喜和震撼,因为直到今年以前,我们已经很久没听到诺贝尔奖获奖者里出现法国人的名字了。人们说今年是诺贝尔奖的法国年,法国人还赢得了诺贝尔文学奖。我也私下听人们说,可以预期到在不久的将来还会有一位法国的诺贝尔经济学奖得主,而且他来自巴黎经济学院,当然还会很年轻。我也很希望这一点能早日成为现实。非常感谢你这么早过来与我对话。但是,结束之前,你的邀请方和出版人希望我能代他们向你再提几个简单的问题,也希望得到简单的回答。

皮凯蒂:好的,我很高兴与你见面和对话,我们谈得很有趣。

张军:是的,的确很有趣,我很喜欢。那么接下来我要问的第一个问题是,你阅读的乐趣是什么?

皮凯蒂：读书的乐趣是什么？我看了很多文学的书，因为我看到了文学的表达能力。它在某些方面比自然科学和经济学都更强大，特别是在有关一个国家的收入分配和不平等方面。在小说里面，小说家将对这些问题的看法表达得很坚定有力。他们用自己的方式表达出了因果关系、社会的不平等和人们活生生的生活，我觉得棒极了。

张军：下一个问题是，请你举出一两本对你的人生产生影响的书。任何种类的书都可以，经济学、社会人文或类似的都行。

皮凯蒂：在《21世纪资本论》这本书里，我谈了很多巴尔扎克和简·奥斯丁。巴尔扎克对我很重要。每个国家的文学都是我灵感的来源。

张军：那么你现在正在读什么书呢？

皮凯蒂：我在读卡洛斯·富恩特斯（Carlos Fuentes）的一本书，他是个墨西哥作家，得了诺贝尔文学奖。我刚读完他的小说。那本书是关于墨西哥当下的，里面谈了很多墨西哥的资本主义。不过这本书不是关于资本的，我的意思是，它是一本小说。但是它和墨西哥的很多政治辩论都能产生共鸣，很有趣。

张军：我没读过这本书，但我很想读一读。假想一下，如果卡尔·马克思坐在这里，你想对他说点儿什么吗？

皮凯蒂：我不知道，我会很乐意听听他对我这本书的看法，哈哈。

张军：如果中国读者想要更好地理解你的书，你有什么要建议的？

皮凯蒂：我想，我的书可读性很强，是一本很易读的关于资本的历史书。这本书篇幅有点长，对此我很抱歉。这也是因为这本书想把三个世纪的经验放在一起分析。我想对于中国读者来说，从今天的发达国家的历史当中一定能学到很多东西。在20世纪，社会福利、资本主义和社会制度都是经历很多暴力而产生的，记住这一点很重要。所以结论就是，资本家和市场的力量是非常强大的。但我们也需要强大的公共机构去调控和整改这些力量。在收入方面我们需要更加透明化，我想中国会从所得税和统计数据的透明化中收获很多。中国社会可以通过更多、更透明的收入和财富信息了解你们接下来该往哪里走。有了这些信息，社会中所有的人都将因此而受益。中国在2013年人口增长的下降可能比巴尔扎克时代要更加重要。如果我们没有做好对财产和财产税务的公平管理，那么从城市边缘来的那些没有财产的人和城市里有财产的人之间的不平等就将加大。你知道在上海和北京只凭个人收入买一套房子是很难的，所以能找到一个有助于实现公平目标的税制系统是非常重要的，比如房地产税等。我想也许对中国来说这都是非常重要的吧。

张军：说得太好了。你马上要到隔壁发表演讲，时间也不早了，我们只能到此打住。我和你的会面这么短暂，但我们相处得很愉快，交谈得非常好，很深入。再次谢谢你。

2014年11月12日上午
于复旦大学美国研究中心贵宾室

（校译：张军）

皮凯蒂
小传

托马斯·皮凯蒂（Thomas Piketty），1971年生于法国。法国著名经济学家，现任巴黎经济学院教授。

他在法国著名学府巴黎高等师范学院学习数学和经济学并获学士学位，后在法国社会科学高等研究院和伦敦政治经济学院攻读博士并获双料博士学位，随后受聘成为美国麻省理工学院经济系助理教授；他35岁参与创办巴黎经济学院并担任首任院长。

皮凯蒂从研究生时期开始就专注于研究财富和收入分配问题，并发表了大量研究论文。2013年出版巨著《21世纪资本论》，对过去300年来欧美国家的财富收入分配格局的变化做了统计分析和理论解释，证明主要发达资本主义国家的不平等现象已经非常严重，正在倒退至“承袭制资本主义”的时代，震惊全球。该书随即被翻译成英文和其他多国文字出版，并在美国成为年度畅销书。他因此也荣获欧洲经济学会Yrjo-Jahnsson奖，该奖项只颁发给45岁以下、对经济学做出了突出贡献的欧洲经济学家。

2015年1月1日，皮凯蒂和法国多名人士被法国政府授予象征最高荣誉的法国荣誉军团勋章。但他拒绝了这一荣誉。

张军　　对话　　里夫金

解释我们的大时代

你看，整个一代人都在经历从市场购买到通过共享经济获取娱乐、信息和知识的转型过程，或许其他的产业还认为它们很安全，它们认为会有一面防火墙阻挡零边际成本从虚拟世界向实体世界蔓延。但这是错误的。我的观点是：由于物联网的存在，这面防火墙已经被推倒了。

在我的学术流水账里，有这样的记录：2014年10月20日应邀在北京海航万豪酒店与美国著名经济社会评论家、《第三次工业革命：新经济模式如何改变世界》和《零边际成本社会：一个物联网、合作共赢的新经济时代》的作者里夫金对话所谓零边际成本社会和新的工业革命等话题。该活动由中信出版集团旗下的“中信书院”安排。

随着《第三次工业革命》和《零边际成本社会》中文版的问世及其受到中国高层人士的重视，里夫金这个名字正逐渐为中国读者所知晓。其实他更早期的著作《熵：一种新的世界观》30年前就被翻译成了中文，作为上海译文出版社“当代学术思潮译丛”之一种，在那时的大学校园里十分走俏。这本书也让我第一次知道了里夫金这个名字。我不知道应该怎样定义里夫金的身份，他显然不是正牌的经济学家，也不能算是职业的社会学家。从某种意义上说，他是经济社会领域的评论家、预言家。现在已过花甲的他看上去是一个很老派的人，但依靠其敏锐的眼光和不受约束的思维，在面对新鲜事物时总能走在专业人士之前，在一个事物刚刚出现苗头的时候就能想象到它未来的发展轨迹。从早期的

《熵》到现在的《零边际成本社会》，似乎一直都是如此，这很了不起。所以，我对“中信书院”邀请我与里夫金对话也非常感兴趣。

在“中信书院”的安排下，我于2014年10月20日傍晚乘坐高铁到达北京，按计划当晚应与里夫金共进晚餐，之后在中信出版社的会议室进行对话。我到京后随即被“中信书院”的仇勇接到中信出版社，一进门就看到专业摄影团队在会议室紧锣密鼓地搭建着摄影棚。不料，就在这个时候，里夫金让身边的翻译致电仇勇，要求取消当晚与我的对话和之后两天的全部活动。我能看出相关工作人员的尴尬。那么，到底发生了什么事，促使里夫金改变主意呢？

仇勇为难地告诉我，里夫金当天下午之所以突然要起小孩脾气，是因为他得知了一件让他十分恼火的事。在当天的另一场活动上，有读者告诉他，他的《零边际成本社会》一书的中文版书名奇怪地被改成了《零成本社会》。得知这一细节，里夫金显然不能接受，因为他认为这是个不可饶恕的常识性错误，中文版换用这样的书名会极大地损害他在知识分子读者心目中的学者形象。的确，从概念上说，零成本的含义是不需要成本就可以生产出或供给一样东西，而零边际成本的含义只是说一样东西的生产或供给成本不会因为使用者的增加而提高。两者显然不是一回事，零边际成本不是没有成本。中信出版社方面给里夫金的解释是，零边际成本这个词在中文里比较晦涩，不容易被普通读者理解，改为《零成本社会》这样的书名是从读者和市场方面的考虑。但里夫金显然不能接受，坚持必须立刻更换所有中文版的封面。

事情就这样僵持在那里。最后还是中信出版社方面答应了里夫金的要求。但里夫金还是怒气难消，又提出不出席晚餐，与我的对话改在他下榻的酒店进行，且必须在21点前结束。对于这些要求，出版社方面也只能答应。这意味着那个专业摄影团队必须立刻拆除在中信出版社的摄影棚，奔赴里夫金入住的酒店重新搭个棚子。

尽管里夫金答应了与我对话，但面对发生的这一切，出版社方面还是担心里夫金的心情与这一突发事件会影响到我们的对话效果。我说，不用担心，里夫金见到我一定会有相见恨晚的感觉，与我一定会成为知心朋友，我相信他也一定会喜欢与我对话的，这一点我有足够的自信。事实证明了我的话是对的。与他一见面我就学着用几句波士顿口音的英语和他打招呼，问起他学生时代在波士顿参加学运的事情，他那满脸的不高兴迅速烟消云散，我猜测他似乎觉得自己总算遇到了“自己人”。我们的对话持续了一小时，过程中，他不仅谈笑风生、滔滔不绝，而且看上去全然忘记了刚才发生的不快。结束对话之后，他反复说，今晚与我的对话很享受。我们还合影留念，并在留言簿上为“中信书院”各自写下了一句祝贺的话。走出摄影棚，他兴高采烈，要出版社方面致电前台送餐到他的房间——因为赌气，他已经一个晚上没有吃东西了。

我们那天晚上的对话集中在“协同分享经济”这个话题上。这个新经济模式的出现之所以可能，是互联网、新能源、物联网等基础设施使然。里夫金肯定不是就技术而言谈论新能源和物联网的最佳人选，而我之所以选择这些关键词是因为他的《第三次工业革命》和《零边际成本社会》这两本书都涉及了这些新技术。不仅如此，我认为，物联网将开启一个伟大的时代，我们正在走进物联网时代，物联网正在开始改变我们的世界。但如此重大的事件，来得却不甚轰轰烈烈，甚至人们会觉得发生的这一切是理所当然的，以至于我们至今都没有人对这个大时代做过像样的分析和解读。但里夫金是个例外。

我们的对话用英语进行，对话录音先交由北京的专业翻译公司转换成了英文文字，然后再由我的学生徐力恒和刘芳根据英文文字译成中文，最后交我审阅。我补充了一些因录音不清而遗漏掉的对话内容。以下是对话全文。

张军：杰里米，我是张军，在复旦大学教书，是经济学教授。我今天下午从上海赶来，你知道的，乘坐高铁只需要五个小时。

里夫金：是吗？你好，我知道你是经济学家。你英语讲得棒极了，在美国生活了很久吧？

张军：那倒没有，不过我经常去美国，在很多学校访问或从事合作研究。2000年我在波士顿生活了一年，那时候我正在哈佛做访问学者。我喜欢波士顿，我想你也是。在我的印象中，你虽然出生在芝加哥，但长期生活在波士顿。特别是1970年代你在波士顿街头组织学生运动，成立所谓的“油党”，呼吁美国要能源独立，对吗？

里夫金：是，是，那是很有意思的一段历史。

张军：我今天一到北京就听说你的新书在这里很受欢迎。其实，我第一次知道你是因为你早年的作品《熵》被翻译成了中文，那时我还在复旦大学读书，我和我的同学都特别喜欢这本书，尤其喜欢这个书名。好像你最近还提出了“熵账单”的概念。

里夫金：你提到的《熵》事实上不是我的第一本书，但是它确实在国际上产生了相当大的影响力。那本书主要讨论的是我们应该如何看待我们进入的新时代。那也是我第一次在书中讨论气候变化。

张军：确实了不起，那么超前的话题。人们对气候变化的讨论在过去十多年变得多么火热，可是你在35年前就在书里提到这个问题了。我记得你那本书应该出版于1980年吧？你当时是怎么会想到写这样一本书的呢？

里夫金：准确地说，那本书出版于1981年。那时我们在为美国国家科学院做一项研究，而且事实上那是当时对气候问题所进行的唯一研究。至少在当时，我们的这个研究并不被看好，也不可能得到媒体太多的关注，因为气候变化还没有被当作一个问题提出来。但是我那时就认为气候变化行将成为人类历史上最重要的事件。

张军：既然提到了气候变化，我想你一定知道斯特恩（Nick Stern）勋爵吧，他是我非常尊敬的一位英国经济学家。十多年前，他受英国政府的委托领导了一个研究小组，建立了一个分析气候变化的经济学框架，最终出版了他们的研究报告《斯特恩评论》(*Stern Review*)。尽管那份报告受到了很多批评，但不管怎么说，正如你预测的那样，气候变化在过去20年里终于成了人类必须应对的最重大的事件。只是，尽管各国政府针对气候变化问题的确花费不菲，但好像治理的效果并不理想。

里夫金：是的，我知道这些。不过，我现在把眼光放到别的话题上去了，新能源、智能电网和物联网等。这些东西真是变化得太快了，我们的生活方式正在被这些东西改变。

张军：你的不同之处就在于总是赶在别人之前抓住一个重要的话题。能够在那么早的时候就开始关注气候变化这个重要的问题，真是了不起。你的作品中，我注意到的第二本是《工作的终结》(*The End of Work*)，这本书好像至今还没有中文版。但这本讨论软件文明的书让你又走在别人前面了。

里夫金：那本书是我在1995年写的。我认为我们处在一个巨大的变革之中，我陈述的观点是“更复杂的软件技术会使文明更接近于一个几乎没有工人的世界”，工业如此，白领的服务业亦如此。当我写这本书的时候，《经济学人》杂志专门为《工作的终结》出了一期封面文章。他们说，里夫金先生，我们并不肯定你说的这些一定会发生，但我们会拭目以待，因为这是一个巨大的转变。那是在1995年。而2011年的时候他们又来回访我，写了另一篇文章作为封面文章，不过这一次他们非常友善地对我说，我之前的预测“正中靶心”。现在层出不穷的新书基本都是在讨论我在1995年时说的东西，对此我当然很自豪。

张军：的确，你1995年提到的问题在今天成了非常重大的议题。知识分子和政治家天天都要面对并谈论你书中讨论的失业问题。而且我认为当前这个大时代的转型到底如何改变着就业方式仍是一个非常重要的话题，需要更多的讨论。经济学家曾就不断加深的全球化（包括服务业的外包）对各国经济和就业产生的重要影响进行讨论。至少在美国，这是一个非常敏感的话题。你怎么看呢？

里夫金：过去这个问题没有得到很好的讨论，原因是知识分子对于工厂工人的关注并不多，甚至他们更讨厌白领服务业工人。而现在这个问题突然获得如此多的关注的原因是，知性工人（knowledge workers），也就是那些精英阶层，包括会计师、律师和医生等，被突然放进了层出不穷的畅销书中。但这与我之前说的其实并无不同，因为在那本书中，我已讨论过了人工智能和机器人对就业的影响，并认为它们将导致几乎每一个经济领域的体力劳动被替代。

张军：我想我也一定会问，被取代的是哪些人呢？对应于你所说的“知性工人”，一定是那些没有知识的简单劳动者。这些人没有受到过很好的教育，即使在服务业，一个人也必须有足够的技能和知识才能找到一份像样的工作。无论在哪个国家中，都有许多人不能从这种向新型经济的转型中受益，这似乎很常见，即便对于今天的美国也是如此。因此，知识分子和政治家都需要关注到这一问题。而我注意到，在你最近的这两本书中，你认为其实全新模式的经济将会创造更多而不是更少的就业机会，但这首先需要打造基于互联网的基础设施系统，使得每个人在这个经济中不仅是消费者，也是生产者。

里夫金：是的。让我们来看看《零边际成本社会》这本书吧，书里有我过去一直使用的分析框架。我之所以写这本书，就是因为新的经济模式的轮廓开始在世界舞台闪现。这就是所谓的协同共享式经济。至少19世纪以来，在很长一段时间内，资本主义的市场经济仅仅是交换经济，确保人们所有日常所需的产品都会以商品形式在市场中被定价和交换，这当然是很重大的事件。但更有意思的是，资本主义市场孕育了共享经济。就像父母必须要学会如何养育不断成长的新生儿，并最终学会与他们相处，对于新型的经济而言，资本主义的市场必须要学会适应这一新的经济模式，因为它正在快速成长为新的体系。

在目前的资本主义经济中，部分是资本主义市场经济模式，部分是协同共享式的经济模式，我最感兴趣的是后者取代前者的触发条件，这也就是我所说的零边际成本。边际成本是指在支付固定成本之后每多生产一单位的产品或服务所需要增加的成本。这些年来我一直在思考的是深植在资本主义理论核心中的悖论，纵观资本主义的历史，似乎没有人看到这一点，亚当·斯密没有看到，马克思也没有看到。资本主义造就了市场中“看不见的手”的巨大成功，但现在“看不见的手”正在孕育一个大众可分享的新的经济模式。

张军：听起来这是一个很有趣的转型现象。当然，以我作为经济学家的眼光来看，在你描述的这个悖论中，可能最大的变化在于，在资本主义市场经济模式里，提供产品或服务的边际成本是递增的，因而，可以供给的市场存在着边界，不能任意扩大。而在新的经济模式里，这个边际成本不仅在递减，还趋向于零。这意味着，供给的边界就不存在了，可以容纳的市场规模在理论上说可以大到无边。

里夫金：是。下面我来具体谈谈这个悖论吧。我在宾夕法尼亚大学的沃顿商学院执教，这是世界上最古老的商学院。在过去几十年中我一直在给商业领袖们上课。商学院的理论告诉他们，你要搜寻那些能提高生产率的新技术，你要分摊固定成本，你要提供便宜的商品和服务，你要赢得消费者的青睐，你要为投资者带来高回报，如此等等。在课堂上，我也会告诉他们，根据经济学的理论，市场上的厂商自动按边际成本定价和出售商品。但在资本主义的历史上，没有一个人会预见到今天的到来。在今天，技术的革命已经使得生产率水平达到了极致，部分商品和服务的边际成本已经降低到零，使得它们可以免费地出现并且超越现有的市场。想象一下，如果这种情况大规模地发生，全部传统产业就可能被摧毁。

重要的是，新技术的产生会彼此渗透和融合，并由此带来意想不到的后果。其实，你研究一下历史就会发现，历史上每个重大的经济范式的出现都有这样的特点。技术革命的融合可以创造出工程师们所谓的通用技术平台（general purpose technology platform）。新通信媒介带来了更加有效的管理经济活动的方式，新能源能够更有效地为经济活动传输动力，新的运输方式则提供了更有效的移动方式。当新通讯、新能源和新交通的基础设施都建设完成之后，它们可以彻底改变经济路线。我可以再举一个例子，在18世纪第一次工业革命发生的时候，英国是第一个掀起工业革命的国家。首先是蒸汽机动力印刷和电报的发明，使得在英国通讯变得便宜很多；然后是蒸汽机车的诞生，这使得英国在国内建成了铁路系统。这类技术整合了原本分割的国内市场，使得国家以及地方政府可以有效统治其新的疆域。现代的控股公司制度也开始建立，因为人们需要更多的资本来投资和建设铁路和电报系统。然后是公司的垂直整合，因为商业发展得太庞大了，谁都无法在一个屋檐下掌控全局。因此垂直整合是实现规模经济最有效的方式。在19世纪，美国掀起了第二次工业革命，通讯、交通、能源上都有新发展，尤其是电力和石油，工厂电气化使得汽车产量大增，为此，国家需要修建道路以及其他基础设施。这样第二次工业革命一直维持到21世纪初。而这一切在2008年7月结束了，世界市场的油价冲到创纪录的147美元/桶，这个价格使得全球的经济都停滞了，因为第二次工业革命基本上都是与石油和化石能源息息相关的，建筑材料、药剂都需要用到石油和化石燃料。所以油价上涨之后，其他所有商品的价格也都随之攀升，人们的购买力急剧下降，所有的东西都如此昂贵，这实际上是一场经济大地震，然后就转到了大萧条，金融市场受到了余震的重创。由于我们长期处于这种工业革命的过程之中，那类似的，每次我们试图重振经济时，不论是中国、美国还是欧洲，都会导致石油价格不断上涨，当油价被推高到150美元左右/桶的时候，便直接导致其他商品价格的上升，人们的购买力开始下滑。这正是2013年我去参加G20财政部长会议的时候所发生的事情。购买力下降会导致油价下滑，要知道石油在油价低到80美元/桶的时候就会因为价格过低而不再被开采。然后我们又一次要去提振和刺激经济，每次尝试都会使GDP小幅上升，然后购买力骤降，以此循环，这就是过去一直发生的情况。2007年，也就是在危机前不久，德国总理默克尔邀请我去柏林，她当时刚担任德国总理，而德国是世界上最稳定的经济体之一，因此我到那儿之后问的第一个问题就是，考虑到现在能源价格昂贵、技术进步缓慢、基础设施运转不灵，你们如何在工业革命的最后阶段发展德国经济？这也是我第一次向她提出第三次工业革命的概念。她也说希望德国能够这样发展，而德国现在确实正在这样的进展之中。我们可以看到第三次工业革命已经开始，通讯、能源、交通方式都在朝着新的方向聚拢，通信网络、能源网络、物流互联网等共同组成了统一的互联网平台，这也就是“物联网”（internet of things）。物联网所要做的就是在整个经济中传送信息，连接农田、工厂等，我们从道路系统、家庭、零售商店等处获取信息，并且通过智能设备持续发送数据。那么这些能够做什么呢？如果每一个人都连接到互联网或者物联网中，那么无数的人将通过网络将自己的经济活动传递出去，这将导致从未在历史上发生过的巨大变革，我们不由自主地被引向了同一道门。现在所有的人都知道将会发生的事情：一些人希望生产私人样式的产品，那么他们可以直接通过智能手机和手提电脑接入互联网，在价值链的各个环节按自己的个性化要求进行定制。因此，每个人都可以组织自己的价值链，通过互联网来敲定数据，这样能够极大地提高生产率，将边际成本减少到接近零，每个人都开始生产并分享各种商品和服务，这就形成了以零边际成本为基础的协同分享式经济。现在有人对我说，这是否是科幻小说里发生的场景？我想不是，整个互联网产业的基本算法建立了大概有14年，我们有数以亿计可以接触到互联网的年轻人。这数以亿计的年轻人都在生产和分享音乐，他们自己录制短片放在Youtube上，自己写新闻、书籍发布在社交媒体上，甚至以接近零边际成本来制作自己的电子书。人们变成了产消者（prosumor）。分享变得很普遍，一旦生产了录像、新闻等之后，发送给一个人还是十亿人花费的成本都是一样的，也就是说边际成本接近于零。而与此相对应的传统产业已经走了14年的下坡路，部分20世纪时的企业巨头们现在摇摇欲坠，尤其是唱片产业衰退严重，传统的报纸和杂志出版社面临倒闭。因为Youtube等网络平台的出现，电视的市场在逐渐萎缩，同样萎缩的还有图书出版业。甚至大学也面临同样的问题，在过去两年中，全球有600万学生在网上点击观看在线的大学课程，这些课程都来自最好的大学和教授，中国的大学也正在参与。制作视频大概需要花费5000美元，而将这些课程发送给一个学生还是十亿个学生的成本都接近于零。如此多的学生能够在网络上免费听取课程，在线的边际成本接近于零，而且他们正在获得大学的学分。而我工作的大学里的学生每年要为由相同的教授开设的相同的课程支付6万美元，这是不对的。所有的产业都完全被零边际成本影响到了。你看，整个一代人都在经历从市场购买到通过共享经济获取娱乐、信息和知识的转型过程，或许其他的产业还认为它们很安全，它们认为会有一面防火墙阻挡零边际成本从虚拟世界向实体世界蔓延。这是错误的。我的观点是：由于物联网的存在，这面防火墙已经被推倒了。物联网上的通信是数字化的，这意味着每个人都被连接到了物联网上，在家中或办公室中生产绿色的电力，如利用太阳能、风能发电，能源互联网能够以零边际成本传送电能。而几乎同样零边际成本的新能源驱动的电动车也将很快面世，并自带道路系统的GPS导航，而且几年后这些电动车将是用再生材料3D打印的。大约十年后，驾驶这些电动车的人工成本也将是微不足道的。因此，我们开始观察到，目前不仅仅有市场化运作的通信、娱乐和知识的传播，也有成千上万人协同分享式的传播。现在，年轻的一代用3D打印软件制造实体产品，十年后，可能小孩就可以使用3D打印机了。

因此，我们可以试想下20世纪的大型一体化的制造业会发生什么，大型能源公司会发生什么？在德国，我们已经看到了新能源的影响，现在德国27%的能源是绿色能源，到2020年将会是35%——这当中包括风能等。

张军：提到新能源，不能不提及核能。很多国家关闭了核能，而中国要重启核能发电的项目。你好像并不看好核能，说核能发电的成本太高，而且不容易处理核废料。在这个意义上来说，你不认为核能算清洁能源，对吗？

里夫金：是的。核能是20世纪的技术。应该说它是规模大、昂贵和清洁的技术。当然，核能不能被储存。它的问题一个是可能会成为恐怖分子攻击的目标，另一个是被用来冷却核反应堆的重水有限——虽然在法国很丰富。所以，我并不过多地考虑核能的前途。比较有意思的是在德国，一旦你支付了太阳能面板的价格，之后的使用都是免费的。1970年时太阳能面板的价格是60美元，现在是6.6美元，价格下降得很快。风和太阳不会给你寄账单，并且它们还是清洁的。在德国，有数百万的居民几乎零边际成本地利用太阳能和风能，并将能源输送回新生的能源互联网中。这像是科幻小说中的情节，其实却已经成了现实。

现在中国、美国和欧洲的部分孩子已经开始使用3D打印，他们以零边际成本使用免费的开源软件，用回收的垃圾，如可再生纸、塑料、金属，创造他们自己的3D打印产品，并开始把这些3D产品推向市场或共享。电动车由几乎零边际成本的新能源驱动，十年内这些车将能被3D打印出来，第一辆商用3D打印汽车已经被意大利厂商用很低的边际成本生产出来了。大约十年后，3D打印的汽车将由新能源驱动并采用无人驾驶技术，而我们已经在加利福尼亚的高速公路上测试过这种汽车了。这种汽车没有驾驶员，是由GPS和互联网操控的，不会发生事故。

张军：真是像发生在小说中一样。你记得大约在20世纪70年代拍摄的一部关于机器人的电影《未来世界》吗？这是我在中国看的第一部美国电影。

里夫金：我没有看过。我在2001年看了一部关于电脑怎样控制新世界的电影。我感兴趣的是零边际成本的协同分享的世界。以汽车为例，汽车是21世纪的中心话题之一，我们的整个经济是建立在汽车产业上的。年轻人都想要汽车，我的祖父母就是这样。过去五年中，全世界有数百万的年轻人在共享汽车。他们想要便利的通行，但是并不想拥有汽车，这很酷。我和我妻子去华盛顿的一家餐厅，看到一对年轻男女坐在角落里约会。男孩掏出了他的手机，我知道他要干什么：他要使用互联网上的汽车分享服务。

通过互联网上的导航，90秒内就可以定位到个人。当你到达目的地后，可以在软件中使用PayPal付费。成千上万的年轻人正在这样做，他们不需要拥有汽车了。这些事也可能在中国发生，在物联网上你不用费力就能做到。让别人来替你驾驶是比较便宜的，而无须提高汽车的产量。通用汽车的董事会主席计算了一下，对于密歇根州中部的一座城市来说，尽管那里的汽车数量并不多，但其中有20%还是可以被共享的，并且可以使人们获得同样的通行便利程度，却承担更少的成本。现在世界上有数十亿辆私人汽车、公共汽车，北京和华盛顿两地的堵车情况都非常严重。研究显示，当下一代人开始共享汽车的时候，我们可以在十亿辆汽车中限制其中的80%，另外20%的汽车可以被共享。那时电动汽车已经问世了，可以使用零边际成本的太阳能驱动。每个城市都是这样，这些电动车将使用本地再生材料3D打印出来，而且是无人驾驶的。

想想这种转变的影响会有多大吧。我们星球上有资源压力，但是年轻人开始和别人分享衣服、玩具、工具，缓解这样的压力。目前的现实是，一部分人还生活在资本主义市场经济模式里，而另一部分人正在实践和享受协同共享式的经济。中国的情况可能让我们感到吃惊。大型调研公司尼尔森最近调查了哪个国家会对于新经济系统，也就是协同共享式经济的反响更为强烈。结果显示，欧洲国家的比例大约为54%，美国大约为50%，而亚太地区国家上升到了大约77%，比欧美高很多。在尼尔森的调查中，当被问到“你是否喜欢这种新的经济系统”时，得到肯定回答比例排名第一的国家是中国，94%。没错，是中国！我认为原因在于文化DNA。中国的传统早在市场经济之前就已孕育，那就是分享——一种社区的规范，这是古老传统的一部分，每个人都要对更大的社区负责，追溯到2000年前，这是儒家传统的一部分、佛教传统的一部分。文化DNA使中国在向这种双重系统的转变过程中处于领导地位。这种系统部分是市场经济，部分是协同共享的交换经济。

向这种新经济模式转变的更大受益者是环境。回到气候变化的话题。现在我们正在经历气候变化，气候越来越暖，范围也越来越大。过去4.5亿年中有五次大灭绝，每次都有大量的物种迅速灭绝，需要一千万年来恢复物种多样性。有科学家说我们正在经历的气候变化是第六次大灭绝，会在21世纪末失去地球上高达70%的物种，人类本身可能也无法幸存。如何解决气候变化的问题呢？我知道的唯一方法就是走进零边际成本社会。为什么？因为零边际成本会将效率提升到极致，这意味着我们能够最小化资源的使用。我们几乎可以免费地、零边际成本地进行生产，而生产出的产品是用来分享的，我们分享汽车、衣服以及其他所有的东西。共享经济意味着没有东西会被丢到垃圾堆里去，是真正的循环经济。我们限制80%的汽车，然后进行汽车共享，想想我们能省下的资源吧。如果能源互联网能够得到应用，全人类都在本地生产太阳能，洁净并且免费，我们就能摆脱矿物资源的约束，减缓气候变化。中国的新领导层已经呼吁构建更为和谐、更具生态文明的社会。我认为中国可能会在这次工业革命中起领导作用。中国是一个伟大的国家。我在中国见了一些领导人，他们2013年12月宣布了一项惊人的计划：用四年时间花费820亿美元建设智能、绿色的数字化和分布式的能源系统。数百万的中国人能够生产并通过能源物联网分享他们自己的绿色电力，使中国成为世界上第一个大规模实行该计划的国家。中国在18世纪中期兴起的第一次工业革命中落后了，美国又领导了19世纪发生的第二次工业革命，中国作为现在具有领导力的经济体，很可能在21世纪领导第三次工业革命。中国领导层已经承诺将致力于发展物联网、通讯、能源传输互联网，中国的年轻人对于共享经济抱有最大的热情，能源互联网也正在到来，再加上物流互联网，中国能帮助人类社会确立发展的新路线，建立更具生态文明的社会和更为公平的经济，对此，我满怀希望。这对世界来说是一笔伟大的馈赠。

张军：你描述的这个计划令人激动。但在你的书中，似乎更多地提到了欧洲，特别是德国，有可能来领导这场第三次工业革命。

里夫金：现在是你们亚洲，这非常有趣。中国提供了一个全新而大胆的视角，你们称之为“新丝绸之路”，这可能会开启人类的新旅程。这是一项庞大的经济计划，至少连接了整个亚洲。这是大新闻啊。我们在中国已经见证了高铁的运输方式，但这只是开始，中国真正想要实现的是铺设一个跨地区的互联网平台。中国可以和德国携手，一个在亚洲，一个在欧洲，把欧亚捆绑在一起，这也是将地球上最大的一片大陆真正连接在一起。每一个国家都开始建立互联网平台、数字化通信系统和能源传输网。所有人利用宽带或者免费WiFi，通过能源互联网零边际成本地共享绿色电力。数字化的运输物流系统也同样零边际成本地在亚洲运作，使亚洲成为世界上生产率水平最高的大陆。这也会使数百万人重新得到工作，因为必须先建立整个基础设施，这会涉及每个行业，包括电力传输、物流运输、信息通信技术建设等，这得花40年。但这正是中国在做的，中国会是新的核心。过去的全球地缘政治格局开始转变，现在国家间正在相互竞争，但今后我们都可以开始分享了，这是一个伟大的远见。

张军：是的，欧亚无缝对接会变得越来越重要，至少首先在经济上是这样。那美国会怎么样呢？你相信它在衰弱吗？

里夫金：你知道，我仅对加利福尼亚抱有希望，它和欧洲以及中国的情况差不多。美国的其他地区正在倒退到20世纪。页岩气、汽车共享，这些还都只是一些小泡泡，关键是美国现今的能源互联网也没什么起色。我担忧的是美国仍旧待在20世纪的输送方式，包括能源运输系统里。如果我们现在就落后十年，那么20年后我们可能会变成第二世界的国家，我希望加利福尼亚能够尽可能地感染到美国的其他地区，否则，20年或者30年以后，美国的沦落就真的很有可能发生。

张军：奥巴马总统似乎已经在推动一个把制造业重新带回美国的计划。这个计划会有成效吗？

里金夫：该计划很难实现，除非我们能改变整个能源输送方式。让我们看看德国，那里能源的提供将是零边际成本的并且非常清洁，这意味着如果你的产业扎根于德国，那么你在能源的获取上就是接近于零边际成本的，这是很有优势的。现在或者将来，德国和中国不但在能源提供方面是零边际成本的，而且在整个物联网方面都是如此。这会让它们在几乎所有产业中都占据优势。当你能够拥有零边际成本的能源提供方式以及物联网，你就会成为全球最令人瞩目的经济体。一定是这样。

张军：美国拥有丰富的页岩气资源和开采的技术，你不觉得这会是它的优势吗？

里金夫：我们知道页岩气将会发生些什么。大量投资蜂拥而入页岩气领域，就像19世纪的淘金热一样。虽然现在页岩气的价格比较低，但是我觉得泡沫已经形成了。很有可能发生的事情是，页岩气储量快速耗竭，从而要求生产者不断发现新的页岩气资源和挖掘新井，这就抬高了生产成本。未来它的价格还是会上升，就和现在的石油一样。你说得对，目前是很好，但是五六年后可能就要开始经历伤痛了，页岩气产量峰值可能出现在2020年左右，或许那时对于发电装置来说又有了新一代的原料，正如现在的页岩气一样。所以，我们不能在别人进步的时候徘徊不前，失去十年，损失会很大。

张军：照你这么说，你的国家真的很有可能会沦落！

里金夫：我想我们美国会面临这样的挑战。但无论如何，我还是真心希望中国和德国能够站到一起。我想两国领导人之间对此将会有很多的会谈，我们需要认识到中国和欧洲是相互之间最重要的贸易伙伴，而且有着悠久的历史，要知道第一条丝绸之路早于美国诞生2000年！我非常欣赏中国领导人的这个想法，“新丝绸之路”会把几乎占全世界一半人口的土地带入零边际成本的社会，并且这可能还会导致更具生态健康的经济体的产生。我认为这很棒，它把亚洲重新带向了世界。

张军：好，那现在让我们讨论一点儿经济学吧。你在书中提到了一些经济学家的名字，特别是拉里·萨默斯，他是一个很聪明的家伙。作为经济学家，他好像发表过关于信息经济方面的研究论文，你在《零边际成本社会》一书中也提到过基于他的这个论文的经济政策。你不同意他的看法，对吗？

里金夫：他相当神奇，我在完成这本书之后遇到过他。他是克林顿任期内的美国财政部部长和哈佛大学前校长。堪萨斯市联邦储备银行举行过一次私人会议，他们把一批经济学家带到了加利福尼亚，会议的一个重要部分是关于未来互联网的，那还是在2001年。拉里发表了题为“信息时代的经济政策”的报告，这个报告的宣读拉开了那次对话的序幕。他说，你们瞧，互联网将是一次大盛会，它会改变整个经济世界。但有一个问题，经济效率的根本原则是要价格等于边际成本，但是互联网里数字化的方式会使得边际成本降为零。如果信息产品以零边际成本在市场上销售，那依赖销售利润抵消支出的公司就无法创造并且生产出这些产品。这是一个悖论。但是，他说他们并不知道什么样的模式会取代当前的资本主义市场模式。事实上，取代只会有一种可能，但当时还是2001年，所以他们并不知道这个可能会是什么。现在是2014年了，我在《零边际成本社会》中讨论了这个问题，我们将会以协同共享式的经济模式来替代资本主义。看看最近非常引人注目的阿里巴巴，它创造了史上最大的一次IPO（Initial Public Offerings，首次公开募股）。它把买家和卖家撮合到了一起，卖家可以几乎零边际成本地到网站开店，不需要广告，也不需要市场营销。顾客到来与之接洽，也是完全免费的，不需要任何中间人。如果生意达成，阿里巴巴仅收取少许手续费，这也就是所有的边际成本了。但值得注意的是，有一件事情会极具威胁，那就是很多产品的提供几乎都会变成零边际成本的，例如，成千上万人生产并且销售虚拟产品，例如音乐、知识、新闻，等等。可以说，在协同共享的经济里，必然有一些产业会衰落。我们可以据此很好地理解为什么资本主义会衰落，因为新的产业在资本主义的环境中产生，但是它们却逐渐变成共享式的。除了阿里巴巴，其他诸如此类的还有能源互联网、信息与通信技术等，它们的规模都疯狂地增长着。例如在能源互联网上，所有人都可以生产和分享他们的电。诚然这些事物都是因为资本主义才出现的，但是资本主义的运转模式最终会被这些改变。

张军：现在经济学家对于新经济模式的一些新动向保持着缄默，比如在中国，互联网金融的出现就是这样。我相信，这提出了一个重要的问题：协同共享式经济下的政府角色应该是什么？现在围绕这点，有很多热烈的讨论。在你描述的新的经济模式中，我想政府也是一个重要的成分，例如，正是政府支持和建设了大规模的基础设施网络。政府还有什么其他的角色需要扮演？你想过这个问题吗？

里夫金：是的，你说得很对。你们很幸运，有和欧洲一样的

“社会市场经济”。美国之所以逐渐衰弱很大程度上是因为它有一半的人口希望政府不要作为。那些人根本不知道资源、公立学校、天然气管道等诸如此类的东西来源于何处。事实上这些都是政府提供的基础设施，但他们根本不希望政府有任何支出。欧洲和中国有着相似的“社会市场经济”，因此有很好的社会基础，上述这些可以由政府支持，并通过市场促成，可以用税收来支持基础设施建设，由此可以建立更具生产效率的社会。中国之所以会有机遇，就是因为中央政府可以实施成本控制、管制，具备建立统一标准的官方语言的能力等，还可以创建道路系统和经过转型的跨地区互联网平台，以此实施第三次工业革命。而地方政府也有事做，因为每个地区都十分特殊，需要因地制宜来迎接各自的机遇与挑战，最终地区之间会连接起来。在这种情况下，将真正开启对于劳动者来说最好的社会经济，社会能够增加在健康、教育、环境等方面的福利支出以及加强人与人之间的交流。就中短期而言，如果在世界各地大规模地建设物联网基础设施，将带来大众工资和支薪劳动者劳动力的最后一波大幅度增长，预计这波增长将会持续40年，并惠及两代人。但就长期而言，通信互联网、能源互联网和存储网构成的物联网基础设施，只需要少量的监管人员和技术人员，就可以开展大部分经济活动。

张军：所以这是你使用“资本主义的衰殇”（the eclipse of capitalism）这个说法的原因，而且这还不是结束，只是一个开始。

里金夫：到2050年，资本主义还是会比较繁荣并且高效运转的，它或许还会占有更大的比重。即使在协同共享经济中，这些劳动力也仍旧需要在传统的资本主义市场上购买少量的商品和服务，也还是会有众多的实体产品需要由垂直整合的企业来生产。但是如果能源获取方式有所改变的话，那这些产品不但大公司可以做，中等规模的企业甚至是小公司也可以做。我想说，到2050年，资本主义的市场方式会发生很大的转变。我们会同时拥有两个系统：资本主义市场经济和协同共享的经济，一些人仍旧能够生活在资本主义里，但是成千上万的人也会转移到协同共享的经济中。新经济形态和现有经济形态之间相互关联、相互依赖，但是新经济形态最终可能会超越资本主义环境。这也会是更加公平民主的经济形态，增加了生态文明，有利于我们的子辈。我希望大家都能明白这一点。

张军：你是否设想过，国家或者政府在监管这样一种完全以不同于资本主义方式运转的系统时所能发挥的作用是什么？当然，监管者也可以是其他类似的组织。

里夫金：当我们进入一个崭新的世界或是崭新的领域时，政府治理将会以很多有趣的方式发生改变。让我们看看横跨如此庞大地域的丝绸之路，诚然我们需要共同的编码、标准化的官方语言能力这些要求，但更重要的是要有一定程度上的业主式而不是政府式的或者自上而下式的管理。高科技互联网之类的事物作为基础设施，确保了整个欧亚的无缝衔接。我们之前很庆幸有欧盟这样一个睿智的联盟，但最终却是中国领导了这条亚欧的丝绸之路，这可能会导致亚洲甚至是欧亚联盟的形成，但这个联盟不会是自上而下式的，而是一个分布式的网络。作为个体国家，还是需要政府的治理，但是会有更多网络层面的、共享式的空间存在。这给了我们一种希望，就是政府之间会协同运转。这意味着在我们彼此之间竞争加剧的同时，也努力学着共享我们整个经济社会的密度。新的治理方式会基于新的算法，以此共享空间；地区之间会结成一个更加闪耀而睿智的联盟。正如我们正在做的，所有东西很可能都要被整合。这意味着地缘政治要消亡，地缘政治是零和博弈，你失去了利益，我得到了利益。但正如中国国家领导人所说的，现在是开启全新征程的时候了。当我们一起行动起来，就能创造机会共享我们的空间。作为一个联合体，我们都会变得更好。我们是人类的不同组成部分，但我们组成了共同的家庭。我们好像住进了一辆公共汽车，缓缓开启了新的旅程。

张军：呵呵，你很煽情。那好，我们今天就聊到这儿，我们谈的话题非常棒，内容也很精彩。将来某日发表出来，我想读者一定会怀有极大的兴趣阅读它。

里夫金：我也非常享受这次对话。谢谢你。我想我也该吃东西了。

2014年10月20日晚于北京

（翻译：徐力恒、刘芳）

里夫金
小传

杰里米·里夫金（Jeremy Rifkin）是经济趋势基金会的创始人和主席，该基金会致力于研究新科技给全球经济带来的经济、环境、社会和文化影响。他还担任TIR咨询集团的总裁，为全球各地提供可持续经济发展的政策咨询。里夫金也是第三次科技革命全球CEO商业圆桌会议的创立者和主席，参与世界各地区和各国政府相关规划的制定，推动第三次工业革命。

他不仅是一位思想家、经济学家，也是一位不折不扣的畅销书作家，作品被翻译成30多种文字。他至少有20部畅销著作，涉及科技变化对经济、劳动力、社会以及环境的影响。他最著名的作品有《工作的终结》《熵》《零边际成本社会》以及《第三次工业革命》，这些著作都先后被翻译成中文在中国出版。

值得一提的是，里夫金是欧盟第三次科技革命和经济可持续性计划的主要倡导者，并担任欧盟和欧洲主要国家的首脑顾问。他担任过法国前总统萨科齐和德国总理默克尔的顾问。

里夫金拥有宾夕法尼亚州沃顿商学院经济学学士学位以及塔夫茨大学弗莱彻法律和外交学院国际关系硕士学位。里夫金经常在政治、商业、劳工及公民论坛上发表演讲，并在美国宾夕法尼亚大学沃顿商学院授课。

张军　　对话　　席勒

经济学与我们的未来

当 1968 年诺贝尔经济学奖创立的时候，官方全名为“纪念阿尔弗雷德·诺贝尔经济科学奖”。虽然我获得了 2013 年的诺贝尔经济科学奖，但我认为，经济学离科学还差得很远，现在只不过是一个学科而已。经济学领域内目前仍然有很多的参与者并不能算是科学家，他们参与政治，并被政治利益所驱动。所以我们需要写出使任何政治派别的人都可以阅读的经济学文章，即便这些人可能不会采纳这些政策结论。

2014年5月20日，耶鲁大学金融学教授罗伯特·席勒应复旦大学之邀前来出席“上海论坛”，这次他带上了他的夫人，一位儿童教育学家。夫妇俩的中国之行，安排得非常满档。在结束与我的对话之后，席勒夫妇还要去宁波访问。值得一提的是，席勒夫人写于十年前的一本书最近出版了中文版，所以她还要借此次中国之行出席一些巡讲会。

对经济学界、金融学界和大众媒体而言，席勒是一个响当当的名字。这不仅是因为席勒在行为金融学上的学术贡献，更是因为他对金融市场的见解大多与众不同，常常在市场情绪极度兴奋时看到危机的酝酿与生成机制。他2000年出版的《非理性繁荣》一书对美国始自20世纪80年代的股票与房地产市场泡沫的生成逻辑做了独到的分析，成为全球畅销书。席勒教授还是著名的标准普尔/凯斯—席勒房价指数（S&P/Case-Shiller HPI）的创设者之一。2013年10月14日，他与尤金·法玛和拉尔斯·彼得·汉森（Lars Peter Hansen）凭借对资产价格的实证分析共同获得了当年的诺贝尔经济学奖。

当天，我稍早赶到了复旦大学北欧中心事先准备好的会客室，看到摄影师和记者们早已等在那里，他们要将我与席勒的对话记录下来，一些媒体记者甚至希望在我们对话之后还能有机会专访一下席勒。

席勒走进来，我站起来与他打招呼。我说："记得你上一次来复旦大学的时间吗？"他说："应该至少是十年前了。"我说："是的。我只记得那个时候你在复旦讲了你提出的'非理性繁荣'（irrational exuberance）这个概念。后来我带你去了上海证券交易所，在那里我们一起参加了一个专门为你准备的座谈会。"

我们都坐下后，我就迫不及待地说："今天我们至少有1小时的时间可以聊聊，我知道你刚刚到上海，对空气还有些过敏，不应该聊那些特别严肃的学术问题，轻松一些吧。"之所以说他对空气有些过敏，是因为我注意到，他进门时有些流鼻涕并咳嗽了几声。

坐下后，我就起头了。

张军：罗伯特，你知道，虽然我不太想这么问，但还是忍不住要从你得到诺贝尔经济学奖这个地方开始我们的对话。你得奖的消息一出来，人们就一直在讨论诺贝尔奖的授予方式和诺贝尔奖委员会的用意。我是说，比如同时授予你和法玛教授2013年度的诺贝尔经济学奖，似乎显得用意明显。法玛是有效资本市场假说的提出者，而你则创造了金融市场"泡沫"的概念。你认为为什么你们会同时获得诺奖？当你发现自己和法玛一起登台领奖的时候，是否感到尴尬和惊讶？

席勒：你如果不提及诺贝尔经济学奖，我都要忘记这件事了。我不知道他们为什么这样颁发，毕竟我不是委员会的成员，不知道这样做的真正考虑是什么。但是他们之前也做过类似的事情，比如在20世纪70年代，他们同时授予过哈耶克和冈纳·缪尔达尔（Karl Gunnar Myrdal）诺贝尔经济学奖。哈耶克与法玛在自由市场方面的观点很类似，他甚至比后者更极端，而缪尔达尔则支持福利国家，他认为看见穷人受苦而无动于衷是很可怕的，从道德角度来说必须提高他们的生活水平，使他们摆脱穷困。这两位经济学家的观点完全不同，尽管没有得出最终结论，但这种辩论非常有启发意义。没人确切知道自由市场和福利国家哪个更好，但是我们希望看到人们讨论这些问题。

去领奖是一件很有意思的事情。我在斯德哥尔摩度过了整整一周时间。诺贝尔基金会提供每位诺奖得主为期一周的免费旅行，并且赠有16张亲友票。所以我邀请了我在底特律的兄弟、我妻子的姐妹以及我的一些同事来共同度过这一周。其间我们参加了很多活动，比如去当地一所位于贫困社区的高中，与那里的青少年交谈。

那一周我有很多机会与法玛交流，当我们坐下来探讨问题的时候，我感觉我们彼此之间在理论和看法上并没有巨大的鸿沟。例如我们都认为股市在某种程度上是可以预测的，尤其是从长期来看。但是他的观点还是与我有一些不同，我与他讨论“泡沫”时，他并不同意这一概念，也不喜欢“泡沫”这个单词，而我则试图给这个词语下另一种定义，看看他能否接受。很显然，“泡沫”这个单词流行于18世纪20年代，我们可能不太记得了，当时有一次国际股市大跌，主要影响欧洲地区，因为中国和美国在那个时候还没有股票市场。当时没人知道“泡沫”究竟是什么，只知道非理性的投资者在一段时期内主导了市场，从而导致市场价格过高。我认为我们可以把它看作一时的狂热，就像衣服的流行一样——在20世纪50年代，人们开始穿蓝裤子和工作服。我不知道为什么一定要是蓝色的，也不知道为什么这种流行能持续如此长的时间。这是一种社会传染性，人们有追逐潮流的天性。在股市泡沫时期，很难理解大家为什么都买入股票，他们会给你一些听起来很有道理的理由。这时通常有很多没有明显漏洞的解释，但是你必须意识到这些解释是随着市场变化而来的，实际上并不可靠。评估股市需要综合考虑所有的因素，但大多数人并不这样做。

张军：作为经济学家很容易理解这点，有效市场假说与现在经济学对一个经济的基本面的描述非常一致，毕竟要这样来看待市场才行，这样的话，我们眼中的市场和世界才能显得有秩序，而无序的东西也才能得到解释。你如何挑战这一点？你认为自己和法玛的理论在理解和解释市场方面哪个将表现得更有说服力？

席勒：法玛的确做过很多令人惊奇的研究工作。他支持自由市场，并因此出了名。我知道他有很多精彩的人生和创业故事，而我做的一件惹恼他的事就是曾经多次和他讨论股市上的那些“神话”，并且预祝他能成为战胜市场的举足轻重的人士之一。他在芝加哥有两个学生组建了一家基金公司，并邀请法玛担任他们公司的研究总监。从那时开始，他们操作超过3000亿美元的资金，并有着顶级的表现。事实上，这支基金赚了很多钱，以至于他们后来又回到了芝加哥大学，还提供了3亿美元的捐款，芝加哥大学商学院的名字也因此被改成了“芝加哥大学布斯商学院”（University of Chicago Booth School of Business）。这些钱从何而来？它来自尤金·法玛的聪明才智——学习如何战胜市场。所以我在所有观众面前都说了“祝贺你，尤金，你是一个非常了不起的识别‘泡沫’的专家。”法玛看起来很恼火，对此卓越战绩，他并不是这样理解的，他认为他识别了风险因素，并且市场在任何时间都是完全理性的，这与他成为一个好的投资者并不矛盾。如果今天是他在这里发言，他的理论会是市场确实是可以预测的，但并不是每个人都有机会抓住它的可预测性，而某些有不同的风险组合的投资者则能抓住这一机会，他正是向这些投资者提供服务的。这的确是一个逻辑完美的解释。顺便说一句，我很敬佩法玛，就像我可以欣赏一个来自不同政党的人一样。我阅读他的论文时，感到他非常诚实并且擅长做研究。现在有许多你根本就不想读的乏味研究，而他的论文里却有一些值得你去了解的新东西。

张军：那他是如何评价你的工作的呢？

席勒：这个问题让我想起一件事——他曾经写过一篇关于行为金融学的评论。而过去的25年间我一直在推广行为金融学、金融心理学以及更广的一些社会金融交叉学科。他有一次告诉我，他很自豪自己在行为金融学领域的审稿规则，那就是不拒绝接受这类论文。他是很多经典行为金融学刊物的审稿人，这也确实是他被公认的行事风格。关于法玛的另一件事是他被引用最多的论文其实就是他的那篇关于行为金融学的评论。他并不否认这一点。

我认为任何一个研究者只要向期刊提交自己的研究结果，获得的反响都会有一定的偏差。你的文章会获得各式各样的解读，你可以忽视这些解读，但有时你的文章的审稿人也可能带有更深的情感或者政治派别方面的偏见。

张军：我们俩的名字同时出现在“世界报业辛迪加”的首页上，我们都是“全球金融”（Global Finance）这个栏目的专栏作家。我经常阅读你的评论文章，我记得你有一篇文章说，人们总是挑战经济学的属性。那么经济学是否算一门科学？为什么有很多人依然把经济学称为一门科学？

席勒：对于任何一门学科，人们都会始终关注它到底是真正的研究还是“欺诈”。对此，历史上不同时期的答案是不同的。比如现在研究化学的人被称为科学家，而倒退许多年，你会发现他们的前身是炼金术士。一群因为宗教或者其他动机来开展行动的人，他们不能被称作科学家，所以你不得不区分化学家和炼金术士。医学也有类似的演化过程，过去许多人都声称他们有神奇的力量可以治疗疾病。

张军：即使现在，这种观点也很流行，比如中国的许多传统民间偏方。

席勒：我们可以从这些人身上学习一些知识，但是他们中的许多人其实并不是科学家。而当1968年诺贝尔经济学奖创立的时候，官方全名为“纪念阿尔弗雷德·诺贝尔经济科学奖”。虽然我获得了2013年的诺贝尔经济科学奖，但我认为，经济学离科学还差得很远，现在只不过是一个学科而已。经济学领域内目前仍然有很多的参与者并不能算是科学家，他们参与政治，并被政治利益所驱动。所以我们需要写出使任何政治派别的人都可以阅读的经济学文章，即便这些人可能不会采纳这些政策结论。

张军：即使经济学还不是真正的科学，但与你一样，大量的经济学家还是在致力于一些基础性规律的发现工作，希望这些规律可以为人们理解和认识经济与社会的运行机制提供洞见。那么，你如何评价那些并不做科学的研究而是更多地向政策制定者提建议的经济分析师呢？

席勒：现在遍地都是经济学家或者经济分析师，但现在的经济学研究更像是讲故事，而不是科学研究。科学就应该尊重事实，研究真正的自然规律，并且用这些规律解释事实。这是科学家应该做的。如果你有任何怀疑，都可以通过设计一个实验来进行验证，这也是我曾经最想做的事情。而现在我们常常先建立一个经济模型，然后去验证这个模型。但事实上，我们很难真正去验证这些模型，至多是常常鼓吹某个模型，并且举出很多和这个模型相关的现象，或任何和这个模型相关的事物，然后不停地修正它。这不是科学研究的模式。另一个问题是有些人走得太远了，有些人喜欢看数学方程，写下一些毫无意义的东西，而且从不测试这些结论。在物理学家中也同样存在这种问题，有一些物理学家声称物理学思考已经偏出了轨道——当然我无法对此做出评价。但是需要注意，这些抱怨都是在物理学家之间产生的。有许多物理学家希望成为下一个爱因斯坦，他们提出了许多永远不可能被证实的理论假说。

张军：那是因为目前还没有找到可行的方法来实验这些假说吗？

席勒：我不知道，但正因如此，他们没有影响力。很显然的是，在物理学家中有很多这样的人，我也不会阅读这些人的文章。

张军：顺便问一下，你知道丘成桐吗？一位美籍华人数学家，在哈佛大学担任数学教授。他打通了数学的隐维理论与物理学的弦论，这是一个纯数学的结构，揭示出物理世界实际上存在十个维度，只是大多数维度是看不见的。谁能测试这一理论呢？如果不能测试，是不是就不能说他在从事科学研究呢？

席勒：关于弦理论，物理学家之间有很多争论，因为很明显他们并没有方法测试它。大家都知道，爱因斯坦在1905年就写下了狭义相对论，但是直到1919年一个关于日食的实验才证实了他的一个推论。所以弦理论可能需要更长的时间才能得到测试。许多人抱怨经济学不应该设立诺贝尔奖，因为它并不是真正的科学。我并不认为这一说法是错误的。我理解经济学应该更加“柔和”，而不是按照铁律来机械地推演。经济学的世界非常复杂，因为它涉及每个人，应该有许多不同的方法来看待经济的世界，有许多不同的方式来收集证据。但有时候人们认为只有某类证据具有科学性，因此他们忽略了不能被科学方法证明却明显存在的事实。

从某种意义上说，对引发金融危机的“泡沫”，人们的认识也是这样。法玛这样的权威人士一直强调市场是有效的，没有人会想到投资者过度推高价格的可能性。而通过与人们的交谈，听听他们买股票的原因，所得到的简单证据是不允许被使用在研究中的，因为它们不“科学”。但是事实上，我更愿意通过与出租车司机交谈来获取证据。

张军：我记得你在一篇文章中说过，有一次你到哥伦比亚去，曾经与出租车司机讨论过当地的房地产市场，对吗？

席勒：正是这样。你知道他们那里的房屋建造情况吗？出租车司机说哥伦比亚已经完全疯狂了。我当时居住在佛罗里达的迈阿密。司机指给我看那些建筑物，他说这些在建的房子太多了，人们不可能负担得了这么多。然后我和佛罗里达大学的经济学家们见面，他们正在写数学公式，却没有一个人讨论出租车司机抱怨的问题。我怎么能把出租车司机告诉我的东西说出来呢？我没有说，但是私下里我会想，也许其实出租车司机对现实经济情况有着更好的理解。当然，我并不是指一般情况，但有时候确实有这种问题。

张军：也许我们现在可以讨论点儿别的。我注意到你发表了一篇关于金融行业的文章，在这篇文章中，你发现在2012年美国的全部工资报酬中，银行和保险业占了7.4%，而你认为这个比例太高了。人们纷纷涌入红火的投机行业，像投资、银行、证券等，那里集聚了最聪明、最有天赋的人。你为什么这么评价金融行业和它的从业人员？你知道，中国发生着同样的事情。年轻一代，比如刚毕业的大学生，都希望在金融行业获得他们离开校园之后的第一份工作。所以我猜这种现象在全世界都存在。

席勒：如果你仔细把金融行业区分为传统金融行业和其他金融行业，那么你会看到随着时间推移，其他金融行业这部分的占比会越来越大。

张军：其他金融行业是指互联网金融和现代金融吗？

席勒：是的，包括其他所有部分的金融。传统金融行业是那些惯例的借贷款等媒介业务，可能已经有成百上千年的历史了。我感觉，在今天的发展中国家，很多聪明的年轻人还是希望从事投机性的金融行业。

张军：你是否认为这是一种消极现象？

席勒：不，我是说这是一种“泡沫”。我们知道20世纪20年代的金融市场泡沫导致了1929年股市的暴涨和暴跌，危机之前工资也一度暴涨，导致许多人涌入金融行业。我们需要牢记这类情况之前发生过，并且走到了尽头。我是真正科学的拥护者，像物理学、医学、生物学等，神经科学也刚刚起步并迎来了飞速发展，所以年轻人也许不应该进入经济领域。事实上医学院正在发生一场革命，过去那些治疗神经疾病的人被称为神经病学家（neurologists），现在则有了神经科学家（neuroscientists），他们研究人的大脑，并且开始对经济学产生了兴趣。将来也许会有一场神经科学家和经济学家的联合会议，他们大范围地收集神经科学的数据并与经济数据合并，到那个时候经济学可能不再会是一门孤立的科学了。

张军：在17世纪或者更早的时候，经济学还不像是一门学科，而是融合在其他学科中。但在后来的200多年中，经济学逐渐从其他科学分支中独立了出来，然而你的观点是经济学将开始再一次与其他科学分支合并？

席勒：我并不太了解17世纪的事情，但是在18世纪，许多经济学研究是由哲学家在哲学领域内完成的，比如亚当·斯密其实是一位哲学家，大卫·休谟也是一位哲学家。所以经济学研究也许可以回到哲学。我的儿子就是哲学硕士，他和我谈论的许多东西我都曾经在经济学领域中看到过。事实上，神经哲学（neurophilosophy）正在发展之中，为了讨论伦理道德等问题，首先需要弄清楚人类的大脑到底是如何运作的，而这将彻底改变哲学。

张军：那你在耶鲁大学是否会安排一些课程，使你的学生有更多的机会来了解神经科学的最新发展？

席勒：事实上这种机会无处不在，我们已经在神经科学专业里设有一个经济研究所，那里有许多对经济学感兴趣的人，如果我有更多的时间，我会更多地参与这类活动。实际上我和那些人都有过交流。

张军：这很有意思。很遗憾，六年前我在耶鲁生活了半年，却没有关注这件事。如果有人来让你预测经济学在接下来半个世纪的发展方向，你会怎么回答？你会认为这就是方向吗？

席勒：事实上，预测任何一个学科的未来都是非常困难的，但是我想说神经科学会改变我们对于人类本性的认识。纽约大学的一位神经科学家保罗·格利姆彻（Paul Glimcher）认为经济学是建立在人类的期望效用最大化的基础假设上的，但是，如果这是事实的话，人类大脑之中应当有一个对应的结构，所以他试图找出这到底该是人脑中的哪一部分，或者根本就不存在这一部分。这一研究可能需要花费数十年时间，我的猜测是，他们将会发现没有一个效用函数镶嵌在我们的大脑之中，但是可能存在一些可以概念化的东西。另一方面，我跟太太结婚38年了，这么多年我一直在心理学知识的熏陶中生活，她的研究对于我的行为心理学研究有很大影响。每次我太太带着她的心理学书籍和论文回家，我总是第一个读者。在我们第一次见面时，她还没开始读心理学的研究生，但是整个见面过程她都在谈论她的心理学研究。我一直怀疑经济学中“理性人”这一假设的正确性，但在当时这并非经济学界的主流想法。我开始坚持研究这一点时并不知道我的研究会有结果。但我太太在心理诊所常常遇到那些心理非常挣扎的人，包括一些金融界或者经济学界的人士。她对于人们的情绪如何影响他们的想法和决策有着更直观的认识。从她那里，我充分了解到那些普通人思考经济学问题的方式常常比我想象的更非理性，大多数人的决策更容易受到外界多种因素的干扰。

张军：关于经济学有说不完的话题，似乎我们有些沉重了。换个话题如何？现在让我们来谈谈美国现在的经济情况吧。主流经济学家认为危机后的美国经济正在逐渐复苏，这一状态被称为“新常态”，也就是说，再怎么样也不会回到危机以前的状态了。不过，现在人们看到房地产市场在复苏，房价在一些地方又开始缓慢上涨了，你是否担心“泡沫”重来？

席勒：从很多方面来看这都是一个大问题。如果你把美国的GDP拉回到1929年的时候，会发现之后的大萧条和第二次世界大战都对它有巨大的影响，但在那之后，美国经济保持了很长时期的2%的年增速，这是没有什么可以讨论的、非常稳定的持续增长，虽然在最新的数据中，我们低于2%而且并未恢复。所以看起来美国一直是以相同的速度在增长的，除了2007—2009年之间的一段时间。

张军：这很有趣，因为那些新兴市场国家的经济增速一直是随时间波动的，标准差会大得多。但是一百多年来美国经济增长趋势是非常平稳的——远比这些发展中国家平稳。所以非常有趣的问题是，美国一直保持着2%—3%的低速增长，但是长期看来非常平稳，而新兴市场国家可能会有10%的超速增长，但只能保持一小段时间，然后就会出现衰退和变缓。经济增长背后有着完全不同的故事，你对此有何看法？比如日本的超高速增长持续了约25年，但是在20世纪70年代陷入停滞，韩国、新加坡、中国台湾等经济体也有类似的增长路径，它们的超高速增长时期约30年，然后在20世纪90年代增速大大下降。中国在过去30年中做到的事情美国花了200年才做到。从某种意义上说，现在中国经济正在向一个新的发展水平收敛。

席勒：我认为中国的超高速增长很难再继续保持，因此接下来可能会进入中等增速阶段。目前我非常关注的一个问题就是环境，环境问题确实是超高速增长的约束。还有就是收入分配不均的问题也会影响增长的前景。

张军：说到收入分配，我想提及皮凯蒂的那本书，他是一位法国人，却在那本书中花费了许多篇幅来讨论美国。

席勒：非常有趣的是，这本书的法文版本并不广为人知，所以这本书的翻译版应该比原版更好读。

张军：对，它的英文版本读起来非常流畅，但是我一直在问自己，为什么这本书在中国也如此流行。我认为一个很重要的原因是它借用了一个名字“资本论”，因为它也讨论资本——中文版的书名被翻译成了《21世纪资本论》，非常类似于马克思的《资本论》。

席勒：我也这样认为，我有这本书的英文版，看起来非常容易让人联想到马克思的《资本论》。事实上，我看过马克思和恩格斯1848年发表的《共产党宣言》，这在当时是最有影响力的书籍。

你知道马克思为什么后来要写《资本论》吗？我的解释是，《共产党宣言》虽然名声大噪，但只是一个提纲，没有很好地研究资本主义的问题。于是恩格斯建议马克思认真研究一下资本主义，由恩格斯自己来资助马克思的研究。于是就有了后来的《资本论》。皮凯蒂的这本书也是有里程碑式的意义的，而且非常好的一点是这本书就像马克思的著作一样，也是一本很易读的历史书。其中讨论了穷人和压迫等问题，与马克思的著作有类似的主题。

张军：你是否认为这本书中提到的不平等问题与金融的过度发展关系更紧密？

席勒：是的，欧洲和美国的不平等主要在于财富积累方面，这也是马克思《资本论》中的主题，马克思强调资本所有权的集中是一个很大的问题。很有趣的是，皮凯蒂的书之所以在美国畅销，正是因为美国人一点儿也不喜欢马克思。我对于不平等的认识是，它可以划分为很多分位数，不平等之所以重要不在于那最高的1%，而是中等收入阶层和10%的最低收入阶层之间的差距。我一直在想，世界上可能正在发生的情况是，那些没有接受过教育并且没有特殊技能的工人阶级似乎一直在忍受困苦，这与现代技术（如互联网和电脑）的发展有关。这好像又回到了布罗代尔眼中看到的资本主义的情形。在1816年的英国，没有读写能力会导致人们失业，而现在，200年过去了，文盲已经不再是一个考虑范畴内的问题，但是电脑和新科技的发展对一些人的影响跟200年前的情况依然类似。这不是皮凯蒂书里介绍的重点，他可能只是简短地提了一下。他所强调的内容是资本积累。在那本书里，这是非常独特的论述，他有一个非常有趣的观点是，如果一个富裕家庭代代相传，那么几百年过去之后，这个家庭的财富将会非常惊人。要阻止这件事，皮凯蒂有一个非常温和的解决方法，即稳定且缓慢地对资本征税。

张军：你看财富金字塔或类似的结构，都是很小的人口占有很大一部分财富。在过去20年间发生的事情是华尔街和金融部门在快速积累财富，这是由于“泡沫”，所以我猜你对皮凯蒂的书应该非常赞同。

席勒：我们确实需要有一个税收计划，对最富有的人们征税，因为如果不采取行动，未来的不平等情况可能会继续恶化。因此法国出台了100万欧元以上收入者需缴纳75%所得税的条款，这也是为什么皮凯蒂的书在法国并不流行的原因，因为法国总统已经开始实施这类措施了，富人很讨厌这些，并试图离开法国。所以皮凯蒂的书在法国的出版可能不占一个好的时机，但是对美国来说时间刚刚好，不过目前看来国会议员中没有人对此感兴趣。就像全球变暖一样，不平等也会继续发生。我知道今天在发生的事情是，全世界有才华的年轻人在不断流动，他们并不囿于自己的国家。有一次，我去伦敦参加读书会，其中一场讨论大概有30个人。有一位负责带领我游览的女士介绍说，这些人来自印度、中国、巴西等，但是整个房间里居然没有一个是英国人，而我也不是英国人，那么我们在伦敦开会是为了什么呢？这就是现在世界的变化趋势。有一位社会学家写了一本书，说人们可以分为两组：本地人和非本地人，这对全世界都适用，即使在大学里也是这样。这是人类的自然倾向。所以，我认为在未来的50年中，我们将看到一个由来自不同国家的人组成的“民族”，他们将出入世界各地，而留下来的“本地人”则会变得贫困。这很不幸，我很担心它带来的后果，但我猜测这种情况正在发生。

张军：现在技术不总是那么无情，也有些正面的东西。比如互联网金融的发展就可能会更容易地帮助很多人，给很多人带来实惠。

席勒：我是高科技最坚定的拥趸，也是积极的使用者。计算机科学已经给经济学的发展带来很大的推动作用，互联网金融当然也会给很多人带来很大的变化，甚至能够改变人们的生活，但互联网金融的产物不应该只是虚拟货币，或者一些不着边际的金融产品。我不支持比特币，我并不认为比特币是高科技带来的一个进步，但互联网金融不一样，它有意想不到的前景。比如，它可以使一个大项目得到来自世界各地的小的投资，也可以使那些最穷的人能够得到来自世界各地的帮助。我常去一个经济学论坛，其中有个平台为各种求助提供支持。有一次我看到一位加纳妇女通过互联网发出求助，她需要300美元买个小推车上街卖食物以养活自己和孩子。我为此支付了25美元。不久前，我接到这位女士的邮件，说她现在可以还给我3美元了。虽然这对我来说不算什么，但这就是技术和金融结合改变生活的一个最简单的例子。

张军：最后，让我们来谈谈中国。在过去的五年内，中国的经济增速从10%下降到了7%左右，虽然与美国等国家相比仍然比较快，但是人们普遍担心如果经济增速持续放缓会导致许多其他的问题，比如失业、收入增长减慢以及社会不稳定。经济减速的一个重要原因是政府严格控制了房地产市场的扩张。在过去几年中，房地产价格基本保持了稳定。在政府试图挤出房地产市场泡沫的过程中，经济会有硬着陆的风险，如果真的发生了经济崩溃，这会对中国经济造成更大的伤害，这正是中国政府面临的两难局面。那么你对中国经济目前的形势如何评判？你2013年去过北京，是否跟那里的出租车司机也聊过这个问题？

席勒：每到一个地方，人们都要问我下一个“泡沫”会破在什么地方？其实我已经说了，经济学不是科学，无法预测。我也希望能对中国的经济懂得更多，但对于中国的房地产市场，我不是专家。中国的市场很难评估，因为中国的增长率如此之快，这使得它跟其他国家非常不同。我最近在思考股市的问题。可以确定的一点是，中国的股市实在是太低迷了。然而，房地产价格对于中国市场来说并不算高。为什么它在中国应该很低？2013年，我看到了中国房地产市场的一些消息，发现发展势头已经开始放缓。也许放缓是比较令人担忧的，但房地产市场有很多特点与股市并不相同。我希望我能多了解一些中国的情况，可能还需要回去做一些功课。我很抱歉。

张军：我很高兴，你说会多花一些时间来了解中国的情况。

席勒：我不会中文，所以在做研究的时候，有时不得不尝试用“谷歌翻译”来阅读很多中文材料，确实在理解上有一些问题。

不过我知道在2007年中国股市达到了顶峰，然后急速下跌，这带来了经济疲软。我认为中国股市更投机，我不知道它会不会崩溃。我当然和中国的出租车司机们聊过，我希望我能对中国经济发生的这些情况有一个很好的了解。我不知道中国有这样不同的思路，我试图从中国独特的历史出发来理解这一点。中国的市场大概只发展了25年，至今还没有经历过重大的经济震荡，或者真正的经济衰退。经济衰退的定义是连续两个季度GDP都出现负向变化，我并不认为这在中国市场中曾经发生过。另外，中国的成功是有原因的，并且是一系列因素的集合，包括世界经济、政府政策等，而导致经济持续放缓的也正是这些基本因素的改变。最终你会在中国看到类似欧美的每年2%的经济增长水平。

张军：总体来说我不认为在可预见的未来会达到这一水平。

席勒：如果你把经济体按GDP进行排列，你会发现这些小规模经济体一直在赶超，比如新加坡、中国香港等。看起来这对于像印度这样拥有大量人口的国家很不公平，当然现在印度人也都用上了手机，也许事情会变得不一样。我曾经为麻省理工学院出版社的一本书写过一章，那本书让很多经济学家来预测未来可能会发生什么，结果我读到了各种不同的经济奇迹，但我认为他们都不知道未来会发生什么。我倾向于比较悲观的观点，我认为我是唯一考虑到CBRN*会在世界扩散的人。我很担心人类未来100年的发展，而且我的态度并不乐观。我还参加过一个全球经济论坛，他们也在晚宴

---

* 化学、生物、放射性和核武器的简称。

上讨论未来100年会怎么样。那次有来自全世界的人们参与，大部分人都比较乐观，直到我举手发言之前没有一个人提起CBRN，可能我不应该在晚宴上提起这个，但是这很难控制，所以我感到很抱歉。有人说，会思考的人越多，知识的增长就会越快，所以如果我们在下个世纪给大多数人口提供教育，我们也许会看到很美好的结果。我很喜欢这个想法，对我而言这确实会很美好，所以我就简单地抛开了之前那个对未来世界噩梦般的预想。

张军：说到未来会怎样，有些事情是可以预测的。比如，我们经常说，历史会重演。不是吗？美国在100年前在经济上超越了英国，而100年后的今天，我猜许多人都很好奇中国是否会在未来几年内取代美国，成为全球最大的经济体。

席勒：这已经在发生了。但是我希望中国进行一次登月考察，我认为未来一部分人会移居到月亮上去，而且我认为那不会实现在美国，而可能实现在中国。俄罗斯也在讨论那个，所以我不确定哪个国家会率先实现这个梦想。但是无论如何，总有一部分人会成功，这一幕将非常有趣。当然，这里有人口和环境的问题。我之前提到了CBRN，但是没有谈到环境问题。我在耶鲁大学的同事写了一本书，在书中他强调了现代科技还不能预测环境灾难，也谈到了临界点的重要性。可能人们有很长时间都在制造空气污染，而且似乎什么也没有发生，但是突然一天灾难就降临了，并且一下子找不出什么好的解决方法。

张军：他预测了这些会发生，就等于预测了世界末日。

席勒：他没有这样预测，他只是说这类似一场赌博，我们不知道未来会出现什么情况。我读了他的那本书，他并没有提及末日或者毁灭之类的场景。我预测接下来几年可能会发生的情况是沿海地区将会被淹没，不过复旦大学还会继续存在下去，只是所在地可能会搬到月亮上去。哈哈。

张军：非常感谢你的好意，复旦大学还在。不经意间我们在谈论科幻小说了。听说，你接下来还要去宁波访问对吗？

席勒：明天我将和妻子一同前往宁波，我从未去过那里，听说那里有很浓厚的以商业为导向的文化，而且我认为上海也是这种文化。

张军：第一代上海商人几乎都来自宁波。

席勒：是吗？我之前并不知道。

张军：即使是在香港，大多数成功商人的祖籍也是宁波。

席勒：非常有趣，看来同一个国家也会有不同的飞地。25年前，我曾经做过一项研究比较各地对于自由市场的态度。我比较了阿拉斯加、纽约等城市，其中有一个城市也是以企业家精神著称的。另外，我曾经在斯德哥尔摩经济学院跟学者们交流，他们发现瑞典的不同地区有非常不同的商业态度。例如，他们考察了年轻姑娘对丈夫的要求，如果一个小伙子说我是一个做企业的，那么在斯德哥尔摩他不会很抢手。但是如果他去瑞典的另一个城镇，他将非常受欢迎，因为那里的姑娘并不关心他现在的情况，而是关心他未来是否能成功。所以看不同地区的文化差异是非常有趣的。我认为上海非常看重企业家精神，它是中国企业家精神的发源地。

张军：今天我们谈得非常好，以科幻小说收尾很浪漫。感谢你抽出时间与我对话。

2014年5月20日上午于复旦大学北欧中心

（翻译：余翔、魏春露）

席勒小传

罗伯特·席勒（Robert J. Shiller），1946年3月26日生于美国底特律，美国经济学家、金融学家、畅销书作家。1967年获得美国密歇根大学学士学位，1972年获得麻省理工学院经济学博士学位，师从萨缪尔森教授。席勒是美国艺术与科学院院士、计量经济学会（Econometric Society）会士、纽约联邦储备银行学术顾问小组成员。他就职于耶鲁大学，是斯坦利·雷索（Stanley B. Resor）经济学教授。

席勒的著作涉及金融市场、金融创新、行为金融学、宏观经济学、房地产、统计理论等多个方面。他出版的影响深远的著作包括《动物精神》《非理性繁荣》《金融新秩序》等。其中2000年出版的《非理性繁荣》一书分析了美国资本市场和房地产市场的投机行为和“泡沫”的生成，最为中国读者所熟悉。2013年10月14日，他与尤金·法玛和拉尔斯·彼得·汉森凭借对金融资产价格的实证分析共同荣膺当年的诺贝尔经济学奖。

席勒教授还是多家公司的合伙人，同时也是著名的标准普尔/凯斯—席勒房价指数的创设者之一。

张军　对话　斯泰尔

70 年前，系统设定时已埋下瓦解的种子

今天我们的确在问，布雷顿森林体系真的成功吗？许多人认为，所谓布雷顿森林体系存在的 25 年，是全世界经济复苏、贸易繁荣、乐观主义的一段时期，这其中理所当然有一部分布雷顿森林体系的功劳。但我认为并非如此，事实上，仅在布雷顿森林会议召开的三年以后，杜鲁门政府就开启了马歇尔计划，以其全面替代了布雷顿森林体系。

2014年是个值得纪念的年份，因为70年前，也就是1944年，当时的英国、美国、苏联和中国等44个国家在美国新罕布什尔州的小镇布雷顿森林聚会，决定了新的金汇兑本位制度并建立了美元主导的国际货币体系。这就是著名的“布雷顿森林体系”。在这场会议上，主张美元与黄金挂钩、各国货币与美元挂钩的“怀特计划”（美国）最终击败了提议设立超国家主权货币的“凯恩斯计划”（英国），在此基础上形成了“美元霸权”并持续至今。而70年后，在遭受自大萧条以来最为严重的金融危机影响的全球经济始终未能复苏的背景下，对这场决定战后世界经济与政治秩序的会议的讨论也逐渐升温。

2014年5月，在中国杭州举行了纪念布雷顿森林体系建立70周年的研讨会，会上有一位特别的学者以更别致的方式讲述了布雷顿森林会议上发生的不为人知的故事，他就是纽约著名智库“美国外交关系学会”的国际经济部主任、高级研究员本·斯泰尔。他参会时携带了刚刚出版的一本新书《布雷顿森林货币战：约翰·梅纳德·凯恩斯、哈里·德克斯特·怀特与世界新秩序的建构》（*The Battle of Bretton Woods: John Maynard Keynes, Harry*

Dexter White, and the Making of a New World Order）*。这本书以当时英美两国谈判代表——美国财政部的怀特与英国著名经济学家凯恩斯这两位个性极端对立、出身与经历都迥异的人物为主角，描述了为何凯恩斯富有远见的国际货币体系设想最终还是未能敌过主张美元全球至尊地位的“怀特计划”。在斯泰尔的这本著作中，我们甚至还能瞥见政治浪漫主义对世界秩序的重大影响——斯泰尔披露，一手缔造了“布雷顿森林体系”的怀特，竟然是苏联情报人员，这个不为人知的细节影响了会议的走向，也影响到战后两项重要制度安排，即国际货币基金组织和世界银行时至今日的人事决定。

我跟斯泰尔并不十分熟悉。事实上，我们第一次见面是在2014年4月的最后一周，当时我应邀在韩国首尔出席韩国峨山政策研究院（The Asan Insititute for Policy Studies）主办的著名的“2014峨山大会”（Asan Plenum 2014）。4月22日我在“2008年后的全球金融新秩序”（The New Global Financial Order after 2008）分论坛上担任讨论嘉宾，与另外四位来自不同国家的嘉宾共同讨论中国的货币国际化与全球金融改革的话题。而坐在我旁边的嘉宾正是斯泰尔，那是我和他第一次见面，也正是在那次会议上他带来了自己的这本新著，使我第一次得见此书。他告诉我，这本书的中译本即将在中国出版，他还受邀出席下个月在杭州举行的纪念布雷顿森林体系建立70周年的研讨会，届时将有机会到上海与我再次见面。

---

* 中文版译名为《布雷顿森林货币战：美元如何统治世界》，机械工业出版社2014年3月出版。

2014年5月14日上午，斯泰尔在上海应邀出席了“陆家嘴读书会”，讲述了这本书的写作过程和研究中的主要发现。而我担任了现场评论。之后在《文汇报》的安排下，我就感兴趣的几个问题与斯泰尔继续聊了不少时间。美元最终统治世界，是因为美国在政治与经济上的崛起以及英国的快速衰落。在1944年的布雷顿森林会议上，作为当时世界最大债权国的美国，试图借作为世界上最大债务国的英国濒临破产之机，按照美国的利益重塑“二战”后的世界经济和政治秩序，这是斯泰尔的书让我们看到的。而历史常常会惊人地相似。今天世界最大的债权国是中国，美国则成为最大的债务国，两国是否愿意让货币秩序根据当前的经济和政治现实进行重新调整呢？这也让我们今天对70年前的布雷顿森林会议的回溯有了更深刻的意义。

2014年7月21日《文汇报》发表了我与斯泰尔的长篇对话“70年前，系统设定叫已埋下瓦解的种子”。本文主体采用了那篇已刊稿，但我做了部分修订并重新增补了按语。

张军：今年正逢布雷顿森林体系建立70周年，这个时候回溯那次布雷顿森林会议，的确有着特殊的意义。看过你的书才知道，布雷顿森林会议其实可以说是怀特和凯恩斯两个人的故事。

斯泰尔：是，布雷顿森林体系的确是一个非常有趣的故事，2009年的时候我就想重述这个过程，当时金融危机已经在全球蔓延，时任法国总统萨科齐和英国首相戈登·布朗都呼吁要建立一个新的布雷顿森林体系。所以我想，回头看一下那个旧的布雷顿森林体系应该会很有意思。虽然关于其货币体系及衍生物的创造方面的著作已经汗牛充栋，但还从未有人把它当成一个故事来写。我想过要把这个故事改编成电影，因为里面的人物非常精彩。

布雷顿森林会议在1944年7月连续召开了三周。这是1919年巴黎和会之后最隆重的国际会议，有来自44个同盟国的700名代表参加。顺便说一下，中国当时派遣孔祥熙率领一个庞大的代表团出席了会议。当时的美国总统罗斯福高度重视这次会议——他对国际金融体系兴趣不大，但他认为召开这样一次会议，是同盟国向轴心国发出的重要信号。他相信这次会议能说服轴心国们，它们的挣扎是徒劳的，以此促使战争早点结束。

整个会议的细节由两个人决议，一是美国财政部长亨利·摩根索（Henry Morgenthau），一是他的副手怀特。摩根索并不够格成为财政部长——他没有大学文凭，他也自称是个种苹果的，但很偶然地成了罗斯福总统的朋友。因此，对经济一无所知的他，在担任财政部长的12年（1934—1946）中，始终高度依赖怀特，而怀特很可能是人们所知甚少的20世纪美国最重要的政治人物之一。

当时的美国财政部——尤其是摩根索和怀特两人——我称他们为经济决定论者。他们对于这次会议为何召开有着非常明确的一套理论。他们认为，1930年代早期的世界货币和贸易体系导致大萧条在全球蔓延，催生出一种痛苦悲惨的氛围，从而为大衰退和欧洲独裁者，特别是希特勒和墨索里尼的出现铺好了道路。他们给建立布雷顿森林体系后他们着手准备做的事情赋予了重大的政治含义，他们希望通过建立一个固定汇率，来稳定货币和贸易世界。这个汇率是围绕着美元来的，将美元汇率牢牢固定在黄金上——1盎司黄金兑换35美元。因此美元将会在战后的货币框架中占有非常特殊的地位。而战后的两个关键的制度安排，就是世界银行和国际货币基金组织，在他们的设想中，联合国是补充性的政治架构。

但他们也有其他非常地缘政治的安排，说出来可能挺让人震惊的，那就是战时美国从来没把日本或德国，甚至苏联当作他们在世界舞台上的首要对手，他们相信战后一切都会恢复正常。所谓正常，对他们来说，也就是19世纪末的世界秩序。他们认为英国人才是他们的“天敌”，才是世界经济和政治强国。因此在战后，英国人肯定要做点什么来恢复到过去的样子——他们曾控制了世界四分之一的土地和人口。所以他们决定在会上阐明英国在战争中走向破产的事实，来迫使英国对其政策做出彻底改变，以便美国在世界舞台上崛起为一个难以匹敌的经济和政治大国。怀特曾经在布雷顿森林会议后说，你要是跟美国代表团讲话，就会发现他们都是些什么人，大部分美国代表都是政客，而不是在货币经济领域内训练有素的专家，因此其实在他们这里，货币经济只是达到政治经济目的的手段——怀特就是这么来说明为什么他也会在那里的。

张军：非常有趣，这本书最吸引我的当然是这两个人，怀特我知道的不多，他不过只是美国财政部的一个小人物，但凯恩斯可是享誉世界的经济学家。以凯恩斯的个性，怎么能容忍怀特占了上风？

斯泰尔：当时的会议上，凯恩斯当然是最有名的人，经济学家，剑桥毕业，出身于学术世家。美国媒体对凯恩斯也非常着迷，他们对布雷顿森林会议的关注，其实主要集中在凯恩斯身上。他们未必喜欢他的想法，但喜欢凯恩斯发表观点的方式，而且这些记者对美国代表团没有太大兴趣，反而觉得英国代表团充满着思想的魅力。

而相形之下，怀特家境普通，他比凯恩斯小9岁，是立陶宛犹太人移民后代。怀特的父亲是五金店店主，在他9岁时就去世了，母亲则是在他16岁时去世的。怀特在哈佛大学读到博士，后来去了一个小的学校当老师。怀特其实也是凯恩斯的崇拜者，在谈判前，他几乎病倒了，因为他觉得在凯恩斯面前根本没有底气。

怀特把凯恩斯安置在银行委员会主任的位置上，不让凯恩斯染指国际货币基金组织，战后的金融体系其实是要靠国际货币基金组织来建立的，然而这恰恰是凯恩斯强烈反对的。

凯恩斯有不同的想法，他当时的设想是建立一种超国家的货币，叫“银行币”，他设想用这种货币来替代美元。有人曾批评说布雷顿森林会议当时犯了一个错，不应该采纳怀特的方案，而应该接受凯恩斯的方案。

凯恩斯是英国政府派来当“乞丐”的，他也深知英国当时极度严峻的金融状况和迫切需求，但他毕竟不是职业外交家。他很希望人们能把他看作推翻金本位体系的大人物，建立超国家货币的大经济学家。有意思的是，最后他之所以接受美国提出的方案，是因为他认为这个体系一定会崩溃。

张军：哈哈，所以我觉得20世纪30年代非常有趣，那是政治浪漫主义的年代。凯恩斯的思想跟计划经济的思想有一脉相承之处，强调国家干预；包括凯恩斯在布雷顿森林体系上的一些想法，在他设计的全球货币系统里，也是强调政府要管制资本的流动，对吗？

另外可能我们比较熟悉的是，当时还是伦敦政治经济学院学生的罗纳德·科斯（Ronald Coase）拿了奖学金去苏联考察，1937年写了重要的文章“企业的性质”。他受列宁的影响，对托拉斯兴趣极大。虽然古典经济学是研究市场的，但是他问自己，如果市场能解决所有的问题，为什么我们要有企业呢？所以他的思路就完全被引向了企业，他研究企业的组织结构和功能，发现这个结构跟列宁设想的全国的托拉斯是一样的。所以政治浪漫主义对经济思潮其实有过很大的影响。英国有很多经济学家都是苏联模式的粉丝，其中包括剑桥的女铁人琼·罗宾逊（Joan Robinson）。

在美国，哈佛大学已经完全变成了经济思想上的左派，但芝加哥大学不一样，有雅各布·维纳（Jacob Viner）这样一位自由主义思潮的重量级人物，正是他教出了米尔顿·弗里德曼。按照你书里的发现，怀特正是因为结识了维纳这位在财政部工作的反对凯恩斯思想的经济学家，而获得了在财政部工作的机会。因此，怀特与凯恩斯在布雷顿森林会议上的思想斗争，我想应该是有一些思潮方面的原因的。

斯泰尔：是的，这就是更有意思的地方。怀特创立了国际货币基金组织，这是让美国的孤立主义者无法接受的，更让我们大跌眼镜的是，这位建立战后国际金融体系的人物，实际上是苏联的间谍。从1935年开始，他就把一些秘密文件传递给苏联特工，还告诉对方，应该采取怎么样的政策应对，并将跟苏联有关的一些人安插到一些重要岗位上去。

怀特本质上应该是反凯恩斯的，但实际上他又崇拜凯恩斯的思想，因为他羡慕苏联，被苏联的成就所震撼。严格来讲，布雷顿森林会议上，苏联的诉求很简单，就是要从美国那里得到优惠的贷款，对于美元与黄金挂钩，他们也是乐意看到的。因为苏联的黄金矿产储备也很丰富，正因如此，苏联的货币思想在战后体系中没有留下任何烙印——因为他们没有任何想法。

张军：你在书中也提到，一些有智慧的经济学家很早就发现了这个方案的内在缺陷。其中有一位是凯恩斯在剑桥的同事——詹姆斯·米德（James Meade），1977年的诺贝尔经济学奖得主。另一位是哈佛大学的著名教授罗伯特·特里芬（Robert Triffin），1950年他在美国国会作证的时候，也就是布雷顿森林体系建立五年以后，就说一定会出问题。因为这个体系有内在缺陷，美元作为美国的主权货币，要跟黄金挂钩，发美元要用黄金储备，那么，其他国家只要手上有剩余的美元，一定会把美元卖给美国政府，然后把黄金拿走，最后这个过程就会变成美国的黄金储备不断流失到其他国家去。所以他作证时就警告说，这是一个悖论：美元如果要避免通货紧缩，就要多发，从而也就需要更多的黄金储备。后来我们也看到，确实这个缺口就变得越来越大了，1971年美国认为没有办法再维持这个系统的运转，尼克松总统就只能无奈地宣布布雷顿森林体系瓦解，美元与黄金脱钩了。

既然那个时候经济学家已经发现美元为主导的全球货币储备的缺陷，也就是黄金和美元不能同时满足条件，那么，在你看来，

1971年之前的25年，全球经济那么好，应该归功于这个货币体系吗？还是有其他更重要的因素呢？

斯泰尔：今天我们的确在问，布雷顿森林体系真的成功吗？许多人认为，所谓布雷顿森林体系存在的25年（1946—1971），是全世界经济复苏、贸易繁荣、乐观主义的一段时期，这其中理所当然有一部分布雷顿森林体系的功劳。但我认为并非如此，事实上，仅在布雷顿森林会议召开的三年以后，杜鲁门政府就开启了马歇尔计划，以其全面替代了布雷顿森林体系。马歇尔计划背后的政治思路和经济思路，很大程度上与摩根索和罗斯福政府的思路相悖。怀特和摩根索对战后国际秩序的设想有四个基本信念：英帝国可以和平地解体；苏联可以成为和平时代同盟当中的一员；让德国解体，对德国去工业化；让国际货币基金组织向一些国家提供短期贷款，复活全球的多边贸易。

马歇尔计划全面推翻了这些设想。首先，英国不再被视为美国的对手，而是一个绝望的破产伙伴，需要被救助。第二，苏联不再是合作伙伴，而是如美国驻苏联的外交官乔治·凯南（George Kennan）那份举世闻名的报告所说的，必须得到遏制。第三，不应该让德国解体，对德国去工业化，而是应该把联邦德国打造成西欧的工业引擎。西欧作为一个新的经济体，其实也是“二战”后美国提出的一个概念。第四，事实上没有国家向国际货币基金组织借款，所有国家都破产了，因此美国别无选择，只有推行大规模援助，而非贷款，才能让世界经济和贸易复苏。

事实上，布雷顿森林会议所提出的货币体系，直到其建立的15年后才真正开始运转，直到1961年，才有第一批九个欧洲国家达到了主权货币与美元兑换的资格门槛，而这个时候，布雷顿森林体系已经饱受压力。1971年，尼克松总统终止了这个制度安排，防止美国的黄金储备被套换光。

张军：是的，虽然美元与黄金脱钩，但让一个国家的主权货币担当国际储备货币，其实还是会让这个所谓“不一致性”（inconsistency）问题始终存在于国际货币体系的架构里。

斯泰尔：对，有一个现实的例子，就是今天经常出现在新闻里的国家——乌克兰。2013年4月，亚努科维奇政府和国际货币基金组织关于一笔150亿美元的贷款的谈判失败。国际货币基金组织要求亚努科维奇政府取消对能源部门的巨额补贴，而这会导致民用天然气价格大幅上涨。尽管乌克兰经常项目赤字超过GDP的8%，他们还是拒绝谈判协议，决定继续向外借债。他们以7.5%的年利率发行了一个十年期125亿美元的欧元债券。2013年5月22日，美联储时任主席伯南克发表了他那篇有名的退市讲话，非常谨慎小心地表示，在将来某一天，某个经济状况稳定的时候，美联储将会开启退出QE。

作为一个经常项目赤字超过GDP 8%的国家——这比其他退市政策的受害者如印度、巴西、印尼、土耳其和南非都糟糕得多，乌克兰对退市十分敏感。我们也知道后来发生了什么，亚努科维奇被罢免，乌克兰还留在深重的危机中。当然乌克兰的问题积累已久，并不是美联储创造出来的，但确实需要考虑的是，如果不是2013年5月的退市政策，亚努科维奇可能现在还在任上。

美联储“量化宽松”政策转向，并不是所有新兴经济体都会倒霉。受到冲击的国家，通常都有大量的外来投资和借债，而表现最好的韩国和中国，都有着大量的外汇储备和外汇存款。于是国际货币基金组织针对美国自2010年起的非传统的货币政策对新兴市场的影响，做了一个非常有趣的调查。他们发现能够很好应对这些政策的国家都有三个特点，一是外来投资占比较少，二是拥有庞大的经常账户项下盈余，三是拥有充足的外汇储备。

我们从中可以学到什么呢？显然，在经济好的时候，发展中国家应该保持低汇率，以增加出口，但这种政策的含义，按照美国的角度来看，就叫作操纵汇率。因此美国国内有很强的呼声要求对这些国家采取行动。这也是国际货币体系的根本性问题给整个贸易世界带来的压力。

张军：确实美联储的退市政策已经对全球经济带来影响。你刚才特别提到乌克兰，其实这一政策对整个欧洲市场的影响更大。因此我们也可以看到，美联储的退市政策——其实还没有退市，只是削减美国政府对长期资产购买的规模——已经对新兴市场造成那么大的冲击，可能这个根子就在70年前，整个系统开始设定的时候已经埋下了瓦解的种子。也就是，由一个国家的主权货币来担当全球的储备货币，这是不一致性的根源。这是凯恩斯当年反对，但是怀特支持的。凯恩斯是想建立一个超国家的货币，但这个方案没有通过，很重要的一个原因就是英国衰落了，而美国强势。

斯泰尔：是啊。我们可以看到，当时布雷顿森林体系之所以能出台，是因为有两个国家需要这个体系。一个是美国，作为债权国，要在战后给其他国家提供短期贷款，通过这种方式恢复多边贸易。另外一个是英国，作为债务国，它希望借助这个安排，避免各国货币竞争。

到了今天，我们看到，对于国际金融体系，最重要的两个国家是美国和中国。美国是债务国，中国是债权国。中国认为，目前的失衡状态，完全是由美国高度松懈的货币政策和财政政策引起的。这让我们不禁想起，当年美国也是这么对英国说的。当时，美国决不允许其他国家对它的政策说三道四。但是今天美国的反应，完全就是当年凯恩斯和英国的反应。美国认为，目前的失衡是债权国造成的。所以几年前美国时任财长盖特纳提出了一个封顶说，就是对美国顺差极大的国家，给予一个封顶，以防扰乱美国经济。这其实也是1944年凯恩斯和英国在布雷顿森林会议上提出的主意。因此，我们可以对比着看今天这个有趣的互动。

从美国角度讲，美国更愿意也可以通过谈判来看看人民币是否可以成为世界主导货币。中国的债券市场中，外国债券持有人非常少，即便达到5%又如何？如果能达到30%，那人民币的地位就不同了。目前，美国债券市场中，外国债券持有者占36%。人民币要成为国际储备货币，就需要对它的债券市场进行改革，以此激发国际投资者的兴趣。

张军：有趣的是，去看文献就会发现，100年前，也就是“一战”时，美国GDP的总量和贸易的总量都已经超过了英国。就像今天中国已经是世界第一大货物贸易国，中国的货物贸易额已经超过了美国。而如果用购买力平价指数来调整GDP指数的话，中国其实很可能也跟美国差不多。

但是实际上，英镑被美元取代的时间要远远晚于英国和美国的实力对比发生转变的时期，有人说晚了40年，有人说晚了55年。关键看你所认为的标志性事件是什么。但有一点是肯定的："一战"时，当美国的经济超越英国以后，之后发生的所有事情都在情理之中，都有逻辑的延伸，比如苏伊士运河的危机。所以在1944年布雷顿森林会议时，很自然地，美国要拿出方案，要建立一个美元主导的全球货币的系统。尽管凯恩斯非常强硬，但以英国的实力已经无法与之抗衡，在这种情况下，凯恩斯的方案没有通过。

历史有时候惊人地相似，今天的状况真的很像当年。当然什么时候人民币会成为国际的储备货币，目前仍是个问题。很多研究认为可能在2031年前后，人民币在国际货币储备中的比重将会提高到三分天下的水平。但是由于货币的惯性，美元会继续担当全球储备货币中最重要的一种。就像"一战"到1960年代期间，英镑还继续担任储备货币一样。

因为时间关系，我们就聊到这里。非常感谢你，希望我们还有机会讨论中国的货币走向国际化的问题。

2014年5月14日上午于陆家嘴

（翻译：《文汇报》评论部）

斯泰尔
小传

本·斯泰尔（Benn Steil），先后就读于美国宾夕法尼亚大学沃顿商学院和英国牛津大学纳菲尔德学院，获经济学博士学位。1992年，他加入伦敦皇家国际事务研究所，担任国际经济项目负责人。1999年，他加盟在纽约的著名智库“美国外交关系学会”，任国际经济部主任、高级研究员。

他与萨尔瓦多前财政部长曼努埃尔·海因兹联合撰写的著作《金钱、市场和主权》被授予2010年哈耶克图书奖。他最新的《布雷顿森林货币战》获得了2013年金融史Spear's Book奖，并且荣获全球决策人和CEO中最畅销的书，入围2014莱昂内尔·吉尔伯奖，这被《经济学人》杂志称为“世界上最重要的纪实类图书奖”。

本·斯泰尔的研究兴趣集中在国际金融、货币政策、金融市场和经济历史。他是《华尔街日报》《金融时报》和《福布斯》杂志的专栏作家。

张军　对话　格里纳韦

自由贸易的前途

我在某种程度上认同，为确保欧元区稳定，部分国家应退出欧元区，当然有序退出要比混乱退出所带来的影响小，尤其是对意大利和西班牙这样存在潜在风险的较大经济体。

2013年9月29日，中国（上海）自由贸易试验区正式挂牌。就在这一天，英国诺丁汉大学的校长戴维·格里纳韦爵士在《文汇报》的安排下，与我就自贸区的意义、世界经济格局以及中国经济未来发展趋势等话题进行了对话。

格里纳韦教授其实有三重身份。一是担任英国诺丁汉大学的校长，管理着诺丁汉大学在英国、中国和马来西亚三个校区的数万名学生和教职员工。二是教师，即便身为校长，他仍不离三尺讲台，坚持给大学一年级新生教授“当代经济问题”课程。三是著名的经济学家，对国际经济学和国际贸易、投资和金融等领域有深厚的研究，并担任国际著名学术期刊《世界经济》(*The World Economy*)的主编。他曾经开玩笑说，白天“经营”诺丁汉，晚上经营“世界经济”。1998年，格里纳韦创立了诺丁汉大学“利华休姆全球化和经济政策研究中心”(Leverhulme Centre for Research on Globalisation and Economic Policy)。该研究中心关注出口和生产率、跨境投资和国际贸易、经济发展以及西方福利国家现状等话题。此外，他还担任世界银行、欧盟委员会、联合国，以及英国财政部的顾问。

格里纳韦说，无论是任教，还是为学，自己都不喜欢在既有框架中寻找答案，而喜欢换个角度看问题。他说："每次给学生们上课，当谈到欧元区危机和全球金融危机等当前重要的经济问题时，我总希望他们丢掉教科书来找答案，启发他们用批判性的眼光思考这些问题。"

我跟格里纳韦校长成为很好的朋友已经很多年了。这在很大程度上是因为姚树洁教授的引见。当年诺丁汉大学要成立当代中国研究学院，招聘了姚教授担任首任院长。那年我受邀出席了中国研究学院的成立仪式并结识了格里纳韦校长。他精力充沛、讲话精练、做事果断，这一切给我留下了很深的印象。自那以后，我和他一直保持着联系。

值得一提的是，作为《世界经济》的主编，他于2008年发起了"《世界经济》年度中国讲座"（*The World Economy* Annual China Lectures），并先后邀请著名经济学家维纳布尔斯教授、姚树洁教授和英国《金融时报》的著名资深评论员马丁·沃尔夫（Martin Wolf）分别做过三届演讲。2011年6月，我收到他的邀请，希望我担任第四届中国年度讲座的演讲人。那时我恰逢大病初愈，左右为难。担任这个讲座的演讲人无疑是个极大荣幸，但我对自己是否有足够的体力和精力准备这个讲座并无十足的把握。经过反复的思想斗争，最后我还是决定接受他的邀请，也算对自己健康恢复的一个检阅。讲座被安排在2011年11月4日晚于英国诺丁汉大学宁波校区举办。当晚我用英文发表了题为"朱镕基也许是对的：理解中国经济发展的机制"（Zhu Rongji Might Be Right: Understanding the Mechanism of Economic Development in China）的演讲，格里纳韦作为诺丁汉大学校长和《世界经济》的主编亲自主持了讲座。我的演讲稿经过修改后在《世界经济》上正式发表，我还基于这个英文稿改写过一篇中文文章，作为首篇发表在了吴敬琏教授主编的《比较》杂志上。

据我所知，英国诺丁汉大学每年都会在上海举行校友招待会和宣传活动。2013年9月26日晚，应格里纳韦校长之邀，我出席了英国诺丁汉大学在上海环球金融中心柏悦酒店举行的校友招待会，那次会上，我以《文汇报》名义向他发出了对话的邀请。

我们的对话安排在了2013年9月30日。2013年10月14日《文汇报》在“文汇学人”版发表了我们的长篇对话，当时的标题为“经济兴衰的背后总离不开贸易的繁荣”。《文汇报》发表时，用了这样的按语：“中国（上海）自由贸易试验区近日正式挂牌。复旦大学中国经济研究中心主任张军与来访的诺丁汉大学校长、经济学家格里纳韦进行对话，双方就自贸区的意义和实践、世界经济格局以及中国经济未来发展趋势等话题畅所欲言、各抒己见。”

经《文汇报》授权，以下对话内容仍然使用了当时的发表版本，但删除了小标题。

张军：让我们先谈谈中国（上海）自由贸易试验区的情况。对中国而言，自由贸易区（Free Trade Zone，以下简称FTZ）非常重要，其意义不仅限于上海。上海提出经济转型升级已有多年，但抓手是什么？我认为，在制度层面，仍面临一块“玻璃天花板”。要提升中国的国际竞争力，要提升上海在亚太地区的地位，要使潜在的国际竞争力得以发挥，我们在体制上就要有大的突破和创新。

我们已经看到，在法律方面，全国人大常委会为试验区建设提供了坚实的法律保障。上海市组建专门机构、制定相关管理办法，为试验区运行做好了充分准备。在金融方面，试验区为人民币资本项目可兑换、金融市场利率市场化、人民币跨境使用等方面创造条件，进行先行先试。并允许设立外资银行以及民资与外资合办中外合资银行，允许部分中资银行从事离岸业务等。

在贸易层面，围绕在全球竞争中加快总部集聚和离岸业务发展的目标，推动贸易转型升级。围绕推动航运中心功能和物流效率提升的目标，积极探索具有国际竞争力的航运发展制度和运作模式。这将使上海在服务贸易上迅速提升能级，使其成为跨国公司在服务贸易中的首选目的地。大量跨国公司如能将地区总部，尤其是重点总部，或者说是关键环节的地区总部落户上海，会使上海成为承接国际的延伸产业链中心，成为未来结构升级的重要抓手。

另外，以自由港为中心的航运领域的自由化试验可以很快辐射到沿海诸多重要港口地区，将来应该能形成一个东部港区的联动，形成自北向南以天津、上海和香港为三个中心的航运共同体。至于金融开放方面，可能会慢些，但上海在金融中心建设方面具有独特的优势，未来数年应该会很快形成以上海和香港为中心的金融开放地带。

在全球范围内，目前有800多个自由贸易区，这些地区被公认为世界经济中最为开放、自由化程度最高、资源配置效率最高的地区。你对自贸区的定义是什么？你认为其意义何在？

格里纳韦：让我们先从整个自由贸易区域（Free Trade Area，以下简称FTA）的概况谈起，最终再聚焦在FTZ。显然，FTZ和FTA仍是两个概念。

诚如你所言，世界上有800多个不同形式的FTA。它们之中有的已经是很成熟的经济共同体了，如欧盟。另一些仅仅是开展自由贸易的区域。那些经济共同体的特点是深层次地相互融合、依存，而非仅仅让参与国会员降低贸易门槛。像欧盟这样的FTA还承担着发行统一货币的责任。一般而言，FTA包含了两个或两个以上的贸易伙伴，双方或多方承诺，相互降低贸易门槛，以便刺激、提升贸易总量。

与FTA相比，FTZ的概念稍有不同。一般而言，它建立在特定的国家内，或者以国家的部分领土为中心。在这个特定区域内，将取消各种壁垒和限制，这包括各种贸易保护措施、关税，减轻各级官僚体系对于公司成立和发展带来的壁垒和不良影响。如中美洲和撒哈拉以南非洲的一些FTZ都是成功的范例。

张军：自贸区是经济全球化的产物，但与此同时，贸易保护主义也在不少国家抬头，它将对全球自贸区发展带来何种影响？

格里纳韦：贸易保护主义给世界经济带来风险。全球金融危机后，西欧和北美的经济要么尚未完全脱离下滑，要么正经历缓慢复苏。在此情况下，世界经济正承受着下行压力，部分国家通过设置贸易壁垒来解决其所面临的问题。但历史告诉我们，这样做的结果往往适得其反，因为它将招来不同国家之间的贸易战。但眼下我们发现，随着经济的疲软，贸易保护主义的趋势的确正在抬头，它将最终影响世界经济的活力，因此我们必须采取必要措施来抵制这种趋势。

张军：自贸区产生的背景是：以世界贸易组织（WTO）为代表的多边贸易体系陷入停滞，“跨太平洋伙伴关系协议”（TPP）、“区域全面经济伙伴关系协定”（RCEP）等区域贸易谈判势头强劲。但也有学者认为，区域贸易安排存在诸多局限，会导致贸易规则的碎片化，侵蚀非歧视性待遇原则，偏离世贸组织非歧视性原则。你如何看待区域贸易对WTO的冲击？两者最大的冲突在哪里？

格里纳韦：这的确是事实，如果你建立自由贸易区，就不可避免地要触碰到WTO最重要的一项原则：非歧视性原则。我的态度是：当FTA不断增多后，多边的贸易自由主义相对于我称之为“少边”的贸易自由主义，是更具优势的一种形式。按常规，只有当贸易壁垒从一个国家转向另一个国家，且面临错综复杂的局面时，你才需要借助WTO的非歧视性原则。从2001年WTO多哈回合贸易谈判后，WTO框架内的协商机制一直陷于停滞状态，这让更多国家倾向于通过FTA谈判来解决贸易问题。道理很简单，如果你无法同所有国家和地区都达成协议，那么至少可以和其中部分国家和地区就消除贸易壁垒达成共识。在我看来，在当前局势下，这种形式更具可操作性。

至于WTO谈判能否重启，我想有两个前提：一是当我们再次遭遇世界范围的金融危机时，一些贸易大国领导人表态，为转型经济、刺激贸易，必须终止小范围谈判。二是世界上两个重要经济体——美国和欧盟能达成某种共识。如果满足这两个条件，那么WTO的谈判或许有望恢复。

张军：你如何看待日元的持续疲软以及美国的“量化宽松”政策，它们是否也应该被归为贸易保护主义措施？

格里纳韦：学者们正在讨论有关汇率保护方面的问题，即人为地通过货币贬值来帮助其出口产品在国际市场取得更强的竞争力。但如果要我说，美国制定的“量化宽松”政策QE1和QE2并非有意使其货币贬值。我认为，美国出台这一系列政策的目标在于逐步刺激经济，任何使其货币贬值所带来的后果都是副产品，而非其政策出台的首要考虑。不过这些政策的确将给人民币贬值带来压力，因为这将削弱中国出口商品在国际上的竞争力。

张军：欧盟以自由贸易协定进军亚太市场的态度也是坚定的。这将给全球战略带来怎样的变化？

格里纳韦：显然，欧盟非常热切地希望能达成某种形式的双边协议，而非在WTO的原有框架内进行谈判协商。因为欧盟委员会认为，与多边的贸易自由化相比，双边谈判显然将给欧盟带来更多的好处。如果协定达成能给欧洲和亚洲带来更大的贸易量，我们对此自然乐观其成——只要在这一过程中，参与方都不会因为出于保护本国贸易的目的而采取贸易保护措施，以排挤更具竞争力的经济体，我们称这个过程为“贸易转移”。显然，我们不希望出现“贸易转移”现象。

张军：如果欧盟能凭借自贸协定成功进军亚太市场，英国在其中将扮演何种角色？

格里纳韦：虽然在欧盟中英国位列贸易四强，但在自贸协定中英国没有独立的声音，欧盟委员会将代表欧盟做出统一的回应。在我看来，英国当初没有加入欧元区是一个非常明智的决定。然而毫无疑问，欧盟与亚太地区达成的任何自贸协定都适用于英国。

在欧盟境内，德国经济依旧强大，但强在制造业，弱在服务业。与之形成对比的是，英国在服务业上占据优势——伦敦毕竟是世界金融中心。在全球金融危机后，德国的经济增长速度要快于英国，德国的出口制造业也优于英国。但是，英国政府正在制定新的产业政策，意在扩大高附加值制造业的产能，诸如绿色产业、低碳汽车等，我们期待从这些产业中获益。

张军：自希腊爆发债务危机以来，欧洲经济一直处于低迷状态。关于是否出手援救希腊、意大利、西班牙等深陷债务危机的国家，西欧诸国态度不一。你对这一问题的看法是什么？

格里纳韦：我认为，应该采取短期的必要措施来援助希腊、西班牙、爱尔兰、塞浦路斯，但我并不认为这些措施是能够长期并可持续进行的。按照定义，一个单一货币不能通过贬值而增加其竞争力。只有在经历很长一段时间后，通过较低的通货膨胀率，较低的工资增长水平，才能让这一货币变得更具竞争力。但你若问我，在未来二三十年间，希腊将呈现这种利好现象吗？我的回答是“不”。因此，我在某种程度上认同，为确保欧元区稳定，部分国家应退出欧元区，当然有序退出要比混乱退出所带来的影响小，尤其是对意大利和西班牙这样存在潜在风险的较大经济体。

张军：2013年6月，欧盟和美国正式启动“跨大西洋贸易与投资伙伴关系协定”（TTIP）谈判，旨在建立世界最大的自由贸易区，加强两大经济体之间的双向联系。外界普遍认为，这次谈判将异常艰难。你如何预见最终的谈判结果？如果美欧达成协议，将给世界经济格局带来何种影响？

格里纳韦：在WTO框架内，欧盟和美国曾进行过协商，但它们发现，在既定框架内很难达成任何协议。这两大巨头认为，或许双边谈判可以分散注意力。在这一情况下，美国和欧盟很有可能在农业贸易方面展开谈判，因为对于农业贸易，欧盟延续了以往的保护主义态度，而美国的态度则更开放。如果它们最终达成协议，将潜在地开启双方在WTO框架下的谈判，以打破两者在双边贸易中的冰冻状态。

我相信这样的谈判将旷日持久，至少将持续一年以上，我不指望在两三个月的谈判中能取得什么实质性成果。

张军：后金融危机时代，世界各主要经济体增长乏力。在此背景下，如何推动新一轮的世界贸易大发展？

格里纳韦：包括美国、西欧在内的经济体都增长迟缓、经济疲软，碰巧它们都选择了“量化宽松”政策来刺激经济活力。显然，它们都希望通过提升出口来提振经济。但要提升出口就必须提升贸易总额，因为总要有人来购买它们出口的商品。但持续增长仍需期待新兴国家，如印度、中国、巴西、俄罗斯等金砖国家，以及一些规模稍小却充满经济活力的国家，如印尼、越南和墨西哥等。

然而美国、西欧的影响力又在哪里？我们必须认识到：美国仍占世界GDP总量的25%，这一比重是世界经济不可小觑的。今后，刺激国内需求将逐步取代基础设施建设投资，成为经济增长的主要模式。

在学界，很多学者也仍在讨论，究竟是经济增长来刺激贸易，还是贸易增长来驱动经济。我的看法是，这个问题就像先有鸡还是先有蛋一样并不重要。如果我们回顾历史，回顾世界经济这些年的发展趋势，就会看到，经济兴盛的背后总离不开贸易的繁荣。两者相辅相成，互为补充。

张军：为什么一定要建立自贸区？原因在于，WTO僵局出现以后，全球贸易组织在规则上面临很多局限。从现在的发展趋势看，以美国为首的发达国家进行的全球经济合作模式是跨国投资的制度安排——跨国投资变得越来越重要。贸易制度安排固然同样重要，但其局限性也很大。新的发展趋势是投资比贸易更活跃，如何促进、保护跨国投资，需要写出新规则。这也是为何美国领衔提出TPP——TPP不是一般意义上的FTA，而是双边促进投资的框架，中国必须适应这一潮流。现在，连中国与东盟之间的自贸协议也在考虑升级到投资与金融领域。

目前，在全球投资领域中，双边或多边的协定正日渐成为主流，我们应该积极参与一些重要的伙伴关系协定。尽管大家目前还不一定能看清其中的利弊，但方向已经很明确了，这些协定将逐渐取代全球性的有关协定。在贸易保护主义抬头的时候，克服贸易保护主义的最好途径是投资自由化。中国要适应这一趋势。过去这些年，中国和美国在进行双边的经济与战略对话中，美方多次提到：中国要确保美方在华投资利益上采取制度化的承诺，这反映出发达国家在投资方面对新兴市场国家的需求越来越高。在这一问题上，你的看法是什么？

格里纳韦：我认为对中国而言，TPP带来的机遇将大于挑战，因为部分世界主要经济体已被纳入TPP的框架内。毫无疑问，日本并未掩饰其对TPP的浓厚兴趣，在太平洋另一端还有美国。因此在我看来，成为其中一员不会给中国带来太大威胁。

当然，我承认，中国能否最终加入TPP，地缘政治在其中将扮演重要角色。政治诚然重要，但经济合作有时也能弥合政治差异。这也是我认为，加入TPP带给中国的机遇将大于挑战的一个重要理由。

张军：近年来，中国经济增速有所放缓，2013年预计增长速度为7.5%左右。中国政府也适时地提出了“打造中国经济升级版”的口号。

格里纳韦：的确，中国经济增速正在放缓，但在西方，7.5%的增长速度已经让人叹为观止了。不过我能理解这种感受，因为中国经济经历了很长时间的高速增长，速度放缓的确将引起人们的忧虑。

张军：中国经济的确面临一些困难，在过去五年中表现为GDP增速放缓。以往出现这种情况，中央政府依靠投资、消费拉动经济，通过刺激政策将经济拉回正常增速。但现在中央政府并没有这样做。

之所以不采取以往的方式主要是因为中国经济走到了一个十字路口。要进行结构调整，就必须先解决过去五年里因为过度的经济刺激而累积的产能过剩、不良投资和地方债务等问题。要解决这些问题，就必须进行去库存化、压缩产能和去杠杆化。而要完成这些目标，就必须容忍一定程度的经济下滑，调低增长目标。如果经济增长仍靠短期的政府支出维持在高位，这些问题非但不能解决，反而会加大解决难度。这是第一步。

第二步，中国要尽快制定中长期结构改革的计划。所谓中长期结构改革，就是针对中国经济目前的结构和政府管理体制上存在的问题，推出新一轮的改革。金融领域、投融资体制以及政府职能转变的推进有助于提升中国经济未来的潜在增长率，也有助于促进结构调整和升级。

要把没有效率的投资压缩到最小份额，就需要将越来越多的投资交给市场分配，而非过多地集中到政府部门进行分配。而要做到这些，政府对经济的干预要降低到最低限度。

格里纳韦：我认为，刺激中国经济仍需借助拉动内需，改变以往投资拉动的模式。因为在西方经济学家看来，中国的存款率和总额仍旧高居不下。消费、出口和投资，仍将是驱动中国经济增长的三驾马车。我们看到，中国的出口贸易额在全世界的比重从不足1%上升到10%，很大程度上依靠的是中国制造业的发展。显然，中国政府深知，提升高附加值产品和高科技产品出口份额，将有助于保持中国在世界贸易中的地位。这都是保持中国经济增长的基础工作。

我想澄清的是，中国经济需要依靠消费拉动，但并非不需要投资。在投资驱动和消费驱动问题上，必须先弄清投资部门分为公共投资和个人（民间）投资，对这两种来自不同部门的投资，应该采取有所区别的态度。

张军：政府和市场的关系需要重新界定，更多的投资决策需要由市场做出。为降低无效投资，政府除了退出投资和干预外，还需要进行金融改革，逐步改变中国金融资源由国有商业银行垄断的格局。中国金融过度集中在国有商业银行，不利于有效使用资金。因此，需要进行金融结构改革，鼓励更多非官方、非国有银行和金融机构来担当分配金融资源的功能。要大力发展直接融资市场，特别是债券市场。这其中也包括发展债券市场，使得地方政府可以自主发债，而非过分依靠银行提供信贷，这可以成为解决地方债务的一个手段。

如果这些改革能够顺利推进，就有望实现中国经济结构升级的目标。如果这一目标实现，中国经济将驶入一个依然比较快的增长轨道上。只要我们推进结构改革，改革红利就会逐渐释放，也就是改革所释放的生产率改善和提高空间会进一步增加。单位要素的生产率大幅提高后，才能让投资进一步增加。我估计，中国经济未来十年的潜在增长率有望在7%—8%之间。

与美国等发达国家相比，中国的人均收入和人均资本存量的差距在十倍以上，在增长潜力上空间仍很大，中国没有理由在未来十年跌入低速增长阶段。关键问题是，如果结构改革能持续推进，释放改革红利，使生产率不断提高，我们的投资还会增加。说到底，缩小与发达国家之间的人均收入差距就是缩小单位生产率的差距。而生产率的提升，依然需要资本的投入，包括人力资本的积累。

从这个意义上说，短期看，如果存在所谓的“产出缺口”，消费增加也许会影响增长率的变化，但那是短期的现象，是假设了供给水平不变。从中长期看，消费并不构成经济增长的源泉，因为长期来说，经济增长就是供给能力的改善。从这个意义上说，中国未来经济的持续增长依然是离不开投资的，不然，经济增长就是无源之水。

2013年9月30日于上海

（翻译：赵博）

格里纳韦
小传

戴维·格里纳韦爵士（Sir David Greenaway）是英国著名经济学家、发展经济学和国际经济学领域的著名学者。现任英国诺丁汉大学校长并担任国际著名学术期刊《世界经济》的主编。2015年起担任著名的英国罗素大学集团（The Russell Group）董事会的主席。

他在国际经济学和发展经济学领域发表论文150余篇并出版著作60多部。1998年创立诺丁汉大学利华休姆全球化和经济政策研究中心并任主任。他是英国政府多项事务领域的顾问，并曾担任联合国、经济合作与发展组织（OECD）等国际组织的顾问。

张军　　对话　　蒙代尔

全球货币与汇率

在我看来，世界货币或许是最理想的一种解决方案，但我并不认为这种世界货币就是单一货币。这种货币应该是一种基础储备货币，它应该像一种通用语那样，成为世界上每个人的第二语言，所有货币都能通过这种货币实现交换与互通。这就像金本位主导的年代。那时根本不需要固定汇率的存在，所有商品定价都是通过黄金来衡量的，它决定了自由市场中的交易比率。现在我们要做的，就是创造一种新的“黄金”。

罗伯特·蒙代尔是1999年诺贝尔经济学奖获得者，过去这些年他在中国的时间似乎超过了在北美的。他常住北京，也经常在中国举办的论坛上发表演讲或接受中国媒体的采访。我跟蒙代尔是老朋友了，相识20年。其中2007年11月4—5日我和他同时被邀请到韩国首尔出席首届“中国论坛”（China Forum）。我从上海飞首尔，他则从北京飞首尔。我们俩在首尔金浦机场相见，被会议主办方接去酒店，当晚还一起出席了招待会。第二天论坛结束后我们也是一起去的机场。年届八旬，蒙代尔依然神采奕奕，面带微笑，待人十分友善，但思维相当迅捷，谈问题逻辑清晰。看得出他作为宏观经济学家的那种超人的直觉和视野。

在经济学界，蒙代尔年少成名，著述颇丰。他在麻省理工学院的老师保罗·萨缪尔森就曾赞扬他“将人们对货币的注意力重新吸引到国际贸易中来”。而在生活中，他是十足的“宅男”，除了上课和去超市购物，据说他最大的爱好就是待在家里看电视。

在中国，更多的人知道蒙代尔是因为他总是被称作“欧元之父”。作为世界上唯一超国家性质的货币，欧元在诞生之时就引发了普遍关注。尤其是在欧债危机肆虐的背景下，统一的货币政策、高度一体化的市场，并没有让欧洲充满增长的活力，相反，欧元区国家之间的经济不平衡不仅拖垮了一些本身就有问题的南欧国家，也让德国、法国这样的强国深陷泥潭。欧元区的前景在哪里？另一方面，2008年全球金融危机以后，新兴市场经济对国际货币体系改革的呼声不绝于耳，单一货币是否是充当储备货币的最佳方式？如果不是美元，又是哪种货币形式可以担此大任？崛起的中国又将在其中扮演怎样的角色？

借着蒙代尔应邀出席复旦大学主办的2013年度的“上海论坛”的机会，我受《文汇报》之托，希望能与他进行一次对话。但是蒙代尔逗留上海的时间太短，无法进行一次性的足时对话。于是我就决定在2013年5月25日早上论坛开幕前能与他先聊上一会儿。于是我一大早就赶到他下榻的酒店，陪他一同前往上海国际会议中心出席论坛的开幕式。大约有40分钟的路程，我就在车内与蒙代尔教授进行了对话。次日早上，我无法脱身，就请同事林曙教授赶到蒙代尔下榻的酒店与其共进早餐，再叙谈一番。

张军：鲍勃，很高兴在上海再次见到你。不好意思，我们在车子里对话。我是想利用路上的时间跟你聊一些大话题。2008年全球金融危机以来，大家都很关注全球货币体系的问题，在你看来，现在的国际货币体系存在什么问题？你如何看待未来国际货币体系的重建这个话题？

蒙代尔：不妨从2013年这个节点开始说起。因为2014年将迎来布雷顿森林体系建立70周年。70年前，包括凯恩斯在内的著名经济学家汇聚一堂，共同探讨战后世界货币体系的建构。当时，他们并不清楚最终要建立的体系会成为什么样子。在20世纪30年代，随着金本位制的两次明显衰落，经济学家们开始考虑建构一种新的货币体系。但那时恰逢“二战”，战争期间，人们对于未来经济形势和货币体系的认识是不清晰的，在摸索中也曾犯过一些错误，但也形成了一些后来被证明为正确的共识，即以美元和黄金为基础的金汇兑本位制，其基本内容是美元与黄金挂钩，其他国际货币与美元挂钩。

我之所以要重提这段往事，是因为如今我们又重新回到了历史的那个节点，我们现在没有严格意义上的国际货币体系。1971年，布雷顿森林货币体系走向衰落，尼克松总统决定使美元与黄金脱钩，而其他货币也受到波及。随后，德国、法国等主要国家的货币陆续与美元实行固定汇率。但这一趋势并没持续太长时间，因为美国通过美元与黄金的比率来确定世界的通货膨胀率。而其他国家，由于缺乏一个公约或者协定，不知道该通过谁以及何种方式来确定全球的通货膨胀率。由此可以看出金本位制在控制通货膨胀中的作用，其实质就是美国的货币政策决定了物价水平。这让很多欧洲国家难以接受，它们认为美国的货币政策对欧洲的扩张性过强，它们不愿就此让本国货币升值。1973年6月，精明能干的美国时任财政部长乔治·舒尔茨（George Pratt Shultz）、法国时任财政部长瓦勒里·德斯坦（Valéry Giscard d’Estaing）和德国时任财政部长赫尔穆特·施密特决定携手重建浮动汇率的世界货币体系，这就是20世纪70年代以来形成的世界货币体系。

这一问题在今天之所以变得格外重要，主要基于以下两个原因。第一，20世纪70年代，随着欧元区的建立，欧洲形成了一个巨大的经济货币区，这一区域几乎可以和美元区等量齐观。第二，随着中国经济的崛起，这个东方古国将成为世界经济的重要一极。现在中国的GDP总量紧随美国和欧盟之后，在2020—2025年间，中国的GDP总量将有望与美元区和欧元区持平，届时，中国将在国际货币体系中扮演更为重要的角色。

张军：我同意20世纪70年代建立起来的国际货币系统看起来卓有成效，至今仍有不小的影响。但奇怪的是，现在的国际货币体系中出现的问题其实并不符合传统的蒙代尔“不可能三角”的悖论，你对此有何评价？

蒙代尔：这是一个很有趣的现象。首先，它反映在浮动汇率的终结上。根据国际货币基金组织的研究，每个国家都可以有自己的货币政策，每个国家也有自己的通货膨胀率，这之间并没有联系。货币之间的汇率是浮动的，但如果把这个系统、概念具体落实到方法论层面，就会有点儿可笑。因为我们有188个国际货币系统成员，可并没有188个货币种类，欧盟有17个成员国都使用欧元，世界上其余170多个国家都有自己的浮动汇率和独立的定价系统。因为你要应对上万种不同的价格体系，不可能在这么多定价中寻找共同价格。

幸运的是，情况还没有变得如此糟糕，因为美元仍是全球主要货币，可以在数千种货币之间完成转换，将其他货币兑换成美元。虽然这并非世界金融体系中的唯一方法，却是绝大部分国家采取的主流方式。

但是，这一机制也蕴藏着危险，成为金融危机的温床。20世纪70年代，石油危机爆发，随后是20世纪80年代的墨西哥债务危机，直到20世纪90年代的亚洲金融危机，现在的全球金融危机。每次金融危机都源于美元汇率的巨大波动，以20世纪80年代的墨西哥债务危机为例，美元与其他欧洲货币的汇率先是下降，随后猛升。对广大发展中国家而言，在美元汇率偏低时，它们大量借债。但还债时，美元汇率剧增，这使得这些国家陷入破产边缘。20世纪末的亚洲金融危机，起源是1994年人民币急剧贬值，紧接着是1995—1998年的日元贬值，日元与美元的汇率从80:1上升至145:1，最终形成强劲的美元、疲软的日元格局。从2008年夏天开始的金融危机源于美国次贷危机，其实在上一年的夏天就出现了危机的苗头。2008年10月，美元开始猛升，世界恐慌，最后导致雷曼兄弟公司破产。

2011年，G20主席国法国总统萨科齐批评国际货币体系。他的批评分为三部分：首先，在2008年金融危机期间，石油价格达到创纪录的140美元/桶，但随后又猛跌至33美元/桶，这一变化持续了几个月。第二是关于汇率，先是美元飙升。等到美元汇率恢复正常时，欧元又开始升值。第三是关于国际货币市场的管理。从理论上说，国际货币基金组织肩负着监管全球货币市场的责任。但在具体操作层面上，国际货币基金组织对于小国仍具有一定影响力，但对于美国、德国、日本和中国这样的大国，其力量过于孱弱，无法对这些国家造成影响。

就眼下的问题看，我们还是应该对国际货币体系进行改革。在这个改革中，首先要解决的是各汇率间不够稳定的问题。如果不能稳定美元与欧元之间的汇率，那么将不能形成一个有效的国际货币体系，也无法在世界范围内形成一个有效的浮动汇率机制。

张军：谈及国际货币体系改革，不同的国家有不同的思路和想法，一些国家认为，只需要创立一个世界主导的单一货币，也有国家认为，需要多种世界货币共同参与，还有人认为干脆直接使用特别提款权（SDR），你的看法呢？

蒙代尔：我们可以创立一种世界货币。在我看来，世界货币或许是最理想的一种解决方案，但我并不认为这种世界货币就是单一货币。这种货币应该是一种基础储备货币，它应该像一种通用语那样，成为世界上每个人的第二语言，所有货币都能通过这种货币实现交换与互通。这就像金本位主导的年代。那时根本不需要固定汇率的存在，所有商品定价都是通过黄金来衡量的，它决定了自由市场中的交易比率。现在我们要做的，就是创造一种新的“黄金”。但现在的问题是要在政治和经济体制层面上创立这样一种货币非常难。这和黄金的情况截然不同，和纸币相比，黄金是一种商品，是有内在价值的。

张军：中国经济学家在这个问题上也有不同看法。比如林毅夫教授也认同最好的解决方法是统一的货币，尽管政治上可能困难重重。那么，这种政治上的难度有多大？没有解决的可能性吗？

蒙代尔：问题在于，在没有世界政府的情况下，怎么保障世界货币。你可以把黄金这种商品当成世界货币，这是“黄金的魔力”（magic of gold）决定的，在没有财政政策一体化的情况下，它仍旧可以维持高度连接的货币联盟。但在今天，这一点很难达成，因为各个国家都不愿意把主权让渡给国际组织。当我们没有世界政府时，什么样的货币政策才是最好的呢？我们能否创造一种货币，它既拥有金本位制的优点，但又不是黄金，而是纸币？我支持这种设想，但目前还没有形成计划。在布雷顿森林会议上，英国提出的凯恩斯计划和美国提出的怀特计划，一开始都希望形成一种世界货币，但因为缺乏政治上的支持，最终都没有实现。

但是这一体系的确帮助中国实现了今天的发展奇迹，因为在其他的货币体系中，中国都不可能积累3.5万亿美元的外汇储备，在类似金本位的货币体系中，一个国家新增货币意味着别国要减少货币，这会造成对别国的伤害。现在美联储有点类似于世界中央银行的角色，但这对中国并没有坏处，因为中国通过外国直接投资积累起了巨额的储备。

我们并不想完全抛弃现在这个体系，其中一些面相在未来的货币体系中仍然应该予以保留。这个体系的包容性很强，尽管它可能会导致通货膨胀，美国、欧洲、中国是目前世界上三个主要的经济力量，这些经济体的通货膨胀情况都应当予以关注。所以最好的方案并不是取代现有体系——这种做法在政治上太困难，在经济上也只是一种想象，而是改善它，最好的改善可能是稳定欧元和美元的汇率。这也符合中国的利益，因为中国也时常因此出现问题——哪怕它只盯住美元，因为美元的价格相对欧元一直在浮动，导致人民币对欧元的价格也在变动。

张军：说到这儿，我想问一下，你认为特别提款权有可能成为一种世界货币吗？

蒙代尔：我认为它不可能成为世界货币，因为一揽子货币不可能成为世界货币，也没有这样的先例，特别提款权这个篮子里面有美元、欧元、英镑、日元，以后还会有人民币，有五种货币，总是在不停波动，没有人会使用这种货币来购买债券，除非它能够固定。特别提款权刚提出时的初衷并不是货币篮子，1968年，1特别提款权的价值被设定为1盎司黄金价值的1/35，与美元等值。1974年，特别提款权开始与黄金脱钩，创造了货币篮子。的确，这个货币篮子有优点，但是它对货币没什么用，它没有成为世界货币的属性。它是一种有用的工具，它可以用于对发展中国家的援助，但是它和国际货币体系没什么关系。我们可以保留特别提款权，但是不承认它可以变成钱来使用，它只是五种货币的加权平均。

张军：你知道，你常常被人称为“欧元之父”。时至今日，你认为欧元区还符合最优货币区域的条件吗？有一种流行的观点认为，且不论政治一体化的进程，实际上在欧元区内的要素流动程度是非常低的，比如劳动力流动程度，都比理论上的最优货币区域的情况要低得多，各国的财政政策也很难协同。这样一来，欧元区的命运难测。你接受这样的说法吗？

蒙代尔：我并不同意这种批评。实质上，在欧洲国家内部，并没有非常高度的劳动力迁移，比如德国内部，迁移并不多，人们希望待在他们本来的地方，但是德国的劳动力情况总体上发生了很大的变化，因为土耳其的劳动力大量涌入。一般在国家的边缘地区流动会比较多。欧洲的问题和劳动力流动关系不大。希腊和西班牙的失业人口并不是要去德国找工作的人。哪怕在美国，失业率也要达到7.5%，接近200万人口，在过去的经济衰退中，失业人口的受教育程度普遍比较低，和现有的工作机会并不匹配。在法国，大概有300万失业人口，同时也有300万个空缺岗位，但是由于技能的原因，两者并不匹配，所以法国经历的是结构性失业。因此这并不是缺少需求和劳动力不流动的问题。

欧洲的问题很早就存在了。1970年代，有一个大型的对于政府开支的调查，在20世纪60年代，政府开支占GDP的比重平均是25%，到20世纪70—90年代，这个比例上升到50%，这些钱并不是花在基础建设上，而是花在了社会福利上，人们乐于接受这些福利，政府也迎合这些需求，对承担改革责任的兴趣不大，以至于最后已经没有税收收入可以支撑支出，形成了巨额的预算赤字。以意大利为例，赤字占GDP的比重从20世纪70年代的6%，增长到了目前的120%。欧元区规定，成员国的政府债务不能超过GDP的60%，但希腊是110%，意大利是120%，比利时是130%，哪怕是这样，仍旧是被低估的数据，因为还没有把没有资金支持的债务计算在内，未来几十年，真实债务可能会更严重。像希腊这样的国家，享受的福利和德国几乎是一样的，但是德国的人均收入是希腊的2.5倍。所以希腊破产了。希腊有很多人失业以后，由政府雇佣，这让赤字更严重。希腊的1000万人口有接近1/10是为政府工作的。有时候我们不可能把税收提得太高，因为这对生产力和竞争力都会有伤害。

张军：那就欧元区而言，你认为欧洲央行的角色真的很重要吗？发挥了重要作用吗？

蒙代尔：欧洲央行扩张性的货币政策就是我要说的第二个重要问题，欧洲央行的任务是不做任何可能会带来通货膨胀的事情。没有人喜欢通货膨胀，但是它的另一个使命是拯救欧元，所以它在两者之间必须做出妥协，其中一个关键点是不要让欧元的汇率太高。我认为欧洲央行犯了一个错误，美国宣布第三轮“量化宽松”政策，每年会有大量美元新增，欧洲原本可以从中得益，它们可以通过宽松的货币政策，保持欧元汇率稳定——当大量债务存在的时候，听任欧元继续升值是不对的。但是欧洲没有这么做，一个强势欧元可能会让欧洲陷入第二次衰退。它们现在可能有所改观，因为它们正在调整为扩张性的货币政策，我认为这对治理赤字是最有力的。

张军：我想该提及财政政策了。现在比较流行的观点认为，欧盟的主要问题是由于没有统一的财政政策而导致的，所以货币政策也举步维艰，你同意这个解释吗？

蒙代尔：这是我想予以澄清的一个问题。一些经济有问题的国家向富国，比如德国借钱，德国愿意借更多钱，并支持那些弱国。这个过程中，要做出选择，到底是让这些有问题的国家自己负责来处理自己的负债，还是让一个统一的机构来处理。很多经济学家认为，如果没有财政政策的联盟，就不可能有货币政策联盟，但是这么说时要小心，因为美国有货币联盟，但它从来没有财政联盟。美国各州在1792年的时候，把债务整合到美国联邦共同的债务中去，采取更为统一的措施来平衡债务以及相应的预算，各州对自己的预算和债务仍旧保留了一定的主导权。到19世纪40

年代，有9—10个州出现债务违约情况，英国的债权人希望美国政府能够承担责任，出手救助。但是美国政府没有这么做，而是让每个州与自己的债权人自行谈判。

欧洲可能走得太快了，回到财政联盟，共享军事和金融权力可能是一个选择，但这是非常大的主权转移，需要各国政府的参与，以财政联盟的权威性要求各国政府减少支出，至少减少支出的增长。

张军：我们刚刚主要谈论欧洲。现在也许应该回到中国的问题上来了。你知道中国正在努力改革金融体制，首先就是汇率改革，实际上，在20世纪80年代末90年代初，中国决定实行固定汇率制的目的其实只是希望控制通货膨胀。

蒙代尔：是的，我第一次来中国是1995年，待了四个月。当时我组织了一次会议，参加的人有中国人民银行和国际货币基金组织的官员。1994年人民币大幅贬值后，通货膨胀率高达25%，1995年通货膨胀率仍旧要达到15%，那时候我就说，对中国而言最好的货币政策，就是固定汇率，这样就会将汇率稳定下来，然后就可以做自己想做的事情。和美元保持固定汇率，有双重的好处，因为美国是世界上最大的经济体，如果中国同世界上最大的经济体保持固定汇率，美元相对其他货币的汇率就会同中国相对其他货币的汇率相似。这就是为什么需要固定汇率的主要原因，而且它的效果确实不错。

张军：但这样一来问题也来了，随着时间推移，中国在固定汇率制度下创造了很大的贸易顺差，国际上，特别是美国，对人民币汇率重估的要求也就出现了。你认为对人民币进行重新估价，并让人民币升值是一个更好的选择吗？

蒙代尔：是的，很多人都这样向美国建议，说1997—2005年，美元对人民币的汇率一直保持在1∶8.28，但实际上根据购买力评价，应该是1∶4或者1∶3，然而如果这样的话，对中国来说会是灾难性的，会使中国的经济增长陷入停滞。我写了很多文章来解释这一状况。2005年，中国央行又有了通货膨胀的压力。央行确实让人民币小幅升值，一下子就到了8∶1。接着就是每年4%—5%的升值。2008年，美元飙升，对欧元也是如此。因此央行停止了人民币升值，这时汇率固定在6.8∶1，此后两年保持不变。之后在2010年又小幅浮动，从6.8∶1到6.1∶1，直到现在。这样缓慢的升值不会带来很大伤害。这个战略非常有效。我认为中国唯一需要考虑升值的时候，是如果固定汇率会导致过度通胀的时候。实际上中国可能就是这么做的。

张军（林曙 代）：中国货币体系的另一个特点是有着非常严格的资本账户管制。你认为中国应该继续严格管制还是应该有所放松？

蒙代尔：资本管制当然有其原因。其实，欧洲国家在“二战”后实行过汇率管制，因为美元还是十分强劲的，人们更愿意持有美元。1958年，也就是直到“二战”结束13年之后，才出现了变化。

为什么中国也要朝资本开放的方向变化呢？从中国的角度来说，我认为如果时间能够倒转，中国会加入特别提款权，这会带来更多的好处。不过事实上，我也不觉得这是个很大的问题。

中国的股市和别的地方很不一样。在上海证交所上市的企业大部分都是国企。在深圳上市的企业中，国有企业只占40%，对私营企业来说，深圳市场更重要。也许将来你们可以有更多的整合。

张军（林曙 代）：你认为人民币可能成为国际储备货币吗？上海是否会成为世界级的金融中心？

蒙代尔：我想会的。只是时间问题。货币的重要性在于它是一个计价货币。人民币的前景会越来越广阔，其兑换能力也会越来越强。“一战”期间，美元成了最重要的记账单位。曾经的国际计价货币是英镑，伦敦至今还保留了一项具有特色的优势：国际金融市场对专业人士的需求增多，而英国人是最国际化的，因为曾经的大英帝国可以让他们看到整个世界，他们也因而一直拥有一些控制权。因此，即便美元是现在最重要的货币，英镑仍然是一个很好的储备货币。伦敦依然很重要。

如果从市场的资本化来说，排第一的是纽交所，第二是纽约的纳斯达克，第三才是伦敦，之后是东京、香港。上海将来可能取代香港的地位。但是上海在金融人才的专业知识以及国际化，特别是语言方面，要远远落后于香港。即便是在德国和法国的交易市场，人们也是说英语的。因此这对上海是个问题。北京要考虑的则是决定人民币自由兑换的时机，人民币自由兑换对上海会是个极大的优势，对香港可能会有伤害。

虽然东京交易所很大，但东京从来没有真正实现国际化的资本市场。当然它的地理位置很重要，人们还是会去那里。日本人的英语不是很好，这是个劣势。我想东京交易所无法真正国际化的另一个原因和人民币有关，人民币的过度升值，会对日本造成通货紧缩的压力，长此以往会削弱东京交易所的重要性。

2015年5月25日晨于行驶的车内、26日晨于酒店

（翻译整理：田晓玲、赵博、李纯一，校订：张军）

蒙代尔小传

罗伯特·蒙代尔（Robert Mundell），生于1932年，先后在加拿大英属哥伦比亚大学和伦敦政治经济学院读书，23岁便以一篇关于跨国资本流动的论文获得美国麻省理工学院的经济学博士学位。

1966—1971年，他是芝加哥大学的经济学教授和国际顶级经济学期刊《政治经济学杂志》（*Journal of Political Economy*）的主编。1974年他转聘美国哥伦比亚大学执教，并于同年应邀在剑桥大学发表马歇尔讲座（Marshall Lectures）。他还长期担任联合国、国际货币基金组织、世界银行等国际机构和加拿大、欧洲国家政府及美国联邦储备局顾问。

蒙代尔教授对经济学的贡献集中在开放条件下宏观稳定政策的理论，即著名的蒙代尔—弗莱明模型，以及最优货币区域理论，也因此而获得了“欧元之父”的美誉。

因为杰出的学术贡献，蒙代尔1997年获得美国经济学会颁发的杰出会士奖，1998年当选美国艺术和科学院院士，1999年获诺贝尔经济学奖。

张军　对话　诺顿

中国经济超高速增长的终结

我从这些事实得出的结论是，中国经济超高速增长的终结和向新的增长模式的转型会更加艰难，会发生相伴而来的原有模式的瓦解、经济衰退、危机，经历过这种转变的经济体都有过类似的经验。

我跟美国加州大学圣迭戈分校（UCSD）的巴里·诺顿是很好的朋友。我知道他的名字应该有25年了。作为美国人，他用英文发表了关于中国经济改革和增长的不少论文，大部分我都认真研读过。我相信我们一直有共同的研究兴趣，所以彼此应该很早就通过阅读论文知道对方。顺便提一句，诺顿教授的中文相当好，他应该是可以用中文演讲的。对他这位美国人来说，懂中文对他的研究很有帮助，因为他可以直接阅读大量中文论文和有关资料，也能够及时跟踪中国经济的最新信息。我不记得我们第一次见面的时间了，但我相信是在某个研讨会上。自那以后，他给我留下的一贯印象就是一位非常温和细腻的学者，就像他发表的那些有关中国经济的研究论文那样。

有意思的是，1995年剑桥大学出版社出版了他那部奠基之作《来自计划外的增长：中国的经济改革（1978—1993）》（*Growing out of the Plan: Chinese Economic Reform, 1978—1993*），而我的《“双轨制”经济学：中国的经济改革（1978—1992）》是1997年由上海三联书店出版的。从两本书的书名就能看出，我们各自对20世纪80年代中国如何开始和推进对计划经济的改革都表现出了极大的兴趣，并做了经济学的分析。他说的“来自计划外的增长”正是我说的“双轨制”改革的巧妙之处。除了这本书之外，2007年诺顿教授在麻省理工学院出版社还出版了《中国经济：转型与增长》（*The Chinese Economy: Transitions and Growth*），一时间成为西方大学课堂上讲授中国经济的教科书。这本书后来被翻译成了中文，由上海人民出版社出版。另外值得一提的是，几年前诺顿教授还出版了一本著作《吴敬琏：中国改革的声音》（*Wu Jinglian: Voice of Reform in China*）。

诺顿教授现在是美国加州大学圣迭戈分校全球政策与战略学院的苏君乐讲座教授。随着复旦大学与加州大学系统的合作进一步加强，特别是复旦大学跟加州大学合作组建的“复旦—加大中国研究中心”就设立在圣迭戈分校，两校的学术交流活动变得频繁。我曾经两次出席在圣迭戈分校的活动并做学术报告。其中一次在演讲后，还应诺顿教授之邀到他的研究生课堂上讲了一堂课，与学生们进行了交流。

2012年9月中旬的某一天，我收到诺顿教授的电子邮件，他说他将随加州大学的代表团来复旦大学访问，想顺便来经济学院进行交流。我们商量后，决定安排一场我们之间的对话，他欣然答应。我们的对话在2012年9月17日下午举行，现场有很多学生和教师参与。虽然是对话，但是这一次的形式有所不同，诺顿教授事先准备好了发言用的PPT。他先就中国经济的减速问题做了一个简短的发言，然后我也就同一问题进行发言，其中也针对他发言中的一些看法做了一些评论。我们两人分别发言后，还就一些问题进行了讨论。但因为时间所限，我们都感到对现场的讨论意犹未尽。我记得他离开上海之后还通过电子邮件与我继续讨论了一些想法。遗憾的是，由于没有保留现场讨论的录音，这里收录的文字并不包括我们之后的讨论，只是我们各自的发言内容。我们的发言是用英语进行的，中文翻译由复旦大学中国经济研究中心负责，由我补充和修订而成。诺顿的发言中提到的他的PPT中的几张图片，这里也一并附上。

诺顿：在美国做演讲时，每当谈及中国经济减速，我总是向听众强调，应当区分短期和长期经济减速的差别，短期和长期经济减速的本质是不同的。当下中国经济的短期减速是由于受到国内几个宏观经济因素的负面影响，以及欧洲经济下滑的拖累。而我对长期经济增长的变化更感兴趣，其实，当我们关注中国经济短期下滑的同时，也不得不留意到中国经济超高速发展的阶段正走向终结。

过去几十年，中国经济的增长速度非常快，中国在2007年的经济体量是1978年的12.5倍。这一“超高速增长”（hyper-growth）是由这几个因素驱动的：20世纪90年代的成功改革；促进快速结构改变的大量投资；成为世贸组织成员；2008年之前强劲的全球经济增长。

中国并不是第一个经历“超高速增长”阶段的经济体。所谓“超高速增长”，是指经济不仅高速增长，而且保持持续性的高速增长，一般持续20年，甚至25年。历史上日本、韩国、新加坡都经历过这样的发展阶段。的确，中国在“超高速增长”阶段，和历史上其他经历过这一阶段的经济体相比，速度更快，持续的时间更长，但是根本上，中国的“超高速增长”阶段走向终结的模式会与其他经济体类似。

这些经历过“超高速增长”的经济体有一些共同点，比如在实物资本和人力资本上的投入都很高（政府、外资、私人企业都投入很高），汇率维持低水平且对出口商有优惠政策。

除了这些共同点之外，每个经济体也都有组织商业活动的不同方式。也就是说，每个经济体的策略都力图适应自己的制度，与此同时，也以不同的方式依赖外国商业和外国投资。比如，在日本，企业集团、经营多种业务的联合大企业、综合商社起主要作用，大公司数量较少，使得政府容易进行协调。而在中国台湾，由于存在有效的竞争市场、灵活的合同关系环境，小型企业扮演

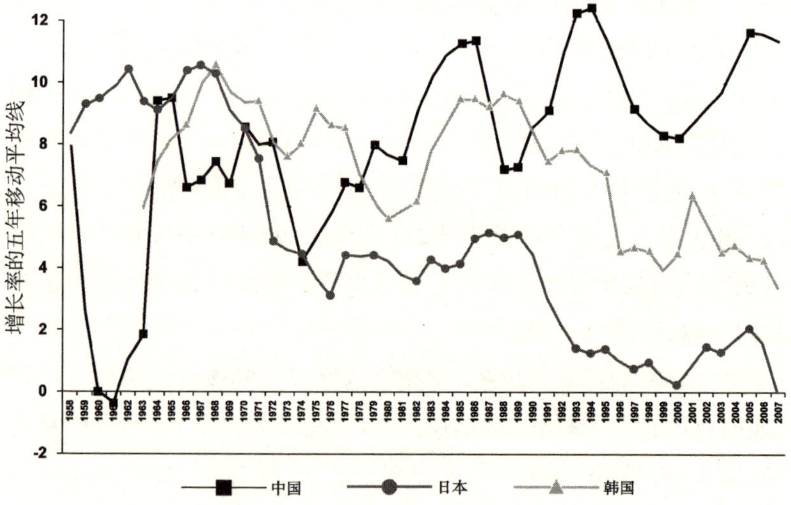

图1　超高速增长经济体的增长曲线

主要角色，大公司出现较晚，也更为专业。韩国的大财团类似于日本的企业集团，不过最后在核心业务上变得更专业。在20世纪80年代，中国发展沿海城市，允许来自香港和台湾的公司将产地转移到内地。“双轨制”模式下，大的国有公司、小型私人公司以及外资公司都发挥了重要作用。

从图1中可以了解经历过“超高速增长”阶段的几个经济体GDP增长率的变化。1950—1973年之间，日本有些年份的经济增长率大约为10.4%，几乎和中国在“超高速增长”阶段GDP的增速一样高。但是1973年，日本的GDP增长率降至5%左右，在这个转折点之后，日本GDP增长率再也没能高于6%。

经济学上有很多理论可以解释，为什么高速经济增长阶段会走向终结。不过，所有的理论都在暗示高速增长应该逐渐结束，理论上劳动力增长、结构转型、投资增长率等都应逐渐放缓。但是，实际的经验则是另一番景象。

从图1可以看出，日本GDP增长率是突然出现了下降，而且之后再也没能反弹回之前的高速增长。这种情况并非日本独有，韩国的情况与日本略有不同，但终归相似。从图1可以看到，经历20—25年的高速经济增长后，韩国GDP增长率突然下降，尽管之后韩国GDP增长率高于日本，但是同样，韩国GDP增长率也是骤然下降的。我们可以解释为什么这些经济体的GDP增速会突然下降吗？我的回答是，尚且不能。

研究这些案例时，我们知道日本在1970年前后经历了第一次石油危机，而韩国等则是20世纪90年代受到了亚洲金融危机的影响。也就是说，这些经济体“超高速增长”阶段的结束都有比较相似的模式：外部因素导致经济危机，经济危机似乎看起来和高速增长阶段的结束并没有特别的关联，却标志着经济高速增长的终结。

这点很奇怪，许多经济学家对此做过深度研究，如巴里·艾肯格林*曾经试图找出答案，他们用了很大的样本（35—40个国家），给每个国家编排函数，却没有找到可以提供解释的答案。他们发现，当经济高速增长阶段结束时，这些经济体的资本与劳动力增长对经济增长的贡献都有下降，全要素生产率（total factor productivity）增长也降低。这些发现能帮助我们更多地了解事实，却不能够真正解释原因，我们仍不知道为何全要素生产率会突然不增长了。

因而，我们现在知道“超高速增长”的结束往往由短期危机引发，短期危机受外部因素影响。但是，难以解释为什么危机之后出现超高速增长的终结，这对经济学家来说，是个坏消息，却不得不面对。

如果我们将曾有过超高速增长的经济体的那些经验应用到中国，我们应该预期发现同样的现象，即外部因素导致中国超高速增长的终结，但是我认为外部因素不足以解释中国何以转向低速增长的阶段。

所有的超高速增长阶段最终都会结束。而中国的超高速增长阶段的结束会随着劳动力供给条件的改变而产生，我是说中国将不再是一个劳动力过剩的国家。中国的劳动力供给情况正在发生变化。虽然劳动力投入的变化不能够充分解释增长模式的转变，不过可以料想到中国在劳动力供给方面的变化将是巨大的，因为

---

* Barry Eichengreen，美国加州大学伯克利分校经济系教授。

几个因素的改变同时发生：第一，新增劳动人口数量下降；第二，城市化速度放缓；第三，劳动供给结构发生变化，劳动力受教育情况不同往日，接受高等教育者占比显著上升；第四，未来退休人口数量急速上升，出现老龄化现象。这些改变已然发生，并且未来只会加速。

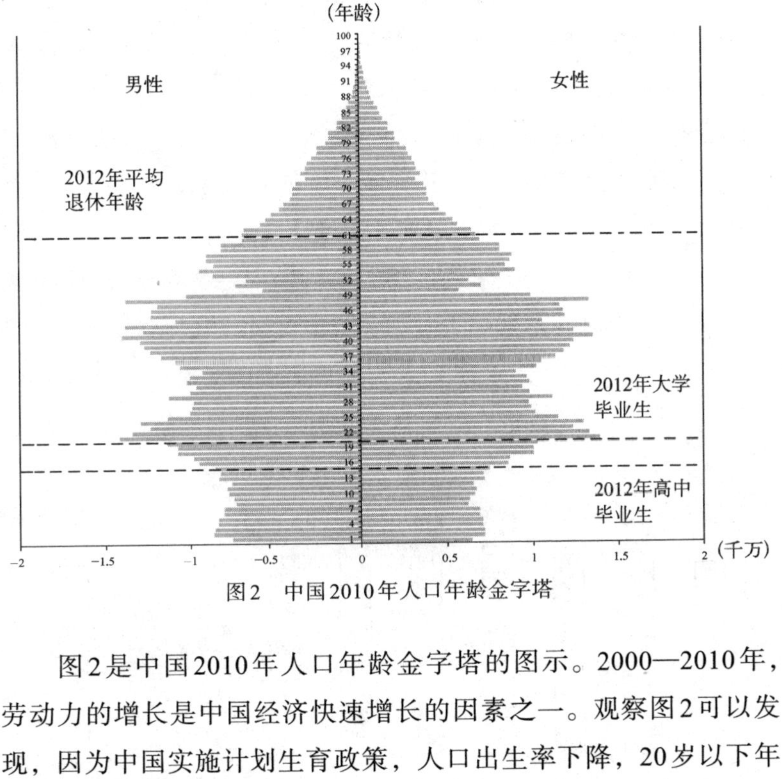

图2　中国2010年人口年龄金字塔

图2是中国2010年人口年龄金字塔的图示。2000—2010年，劳动力的增长是中国经济快速增长的因素之一。观察图2可以发现，因为中国实施计划生育政策，人口出生率下降，20岁以下年龄组的人口规模，比20—50岁年龄组的人口规模要小得多。也就是说，中国的年轻劳动力已经开始减少，而很多劳动力开始进入退休年龄阶段。对于结束超高速增长模式、转向新增长模式的国

家而言，这个变化是一个转折点。

我的想法是，中国经济要经历的改变会更加艰难。中国劳动力的供求情况，尤其要注意中国无技能劳动力规模的下降（并非仅仅比之前规模增速慢，而是已然开始收缩），而有技能的劳动力的规模正以非常快的速度增长。从长期来看，这是好事。但是，这也要求经济体能够在很短的时间内去适应这种骤然的变化。

中国劳动力市场的变化会产生诸多影响。对出口商来说，就是持续增加了成本压力。一方面，出口商将面临提高薪资、改善工作条件、提供更好的福利的压力；另一方面，也还有其他成本压力，如在可预见的将来，出口商要面对更高的信贷成本和人民币适度升值。

众所周知，过去十年，中国经济增长主要是由出口、高投资所驱动的。特别是在2007年，从图3中可以看到，当年中国经济

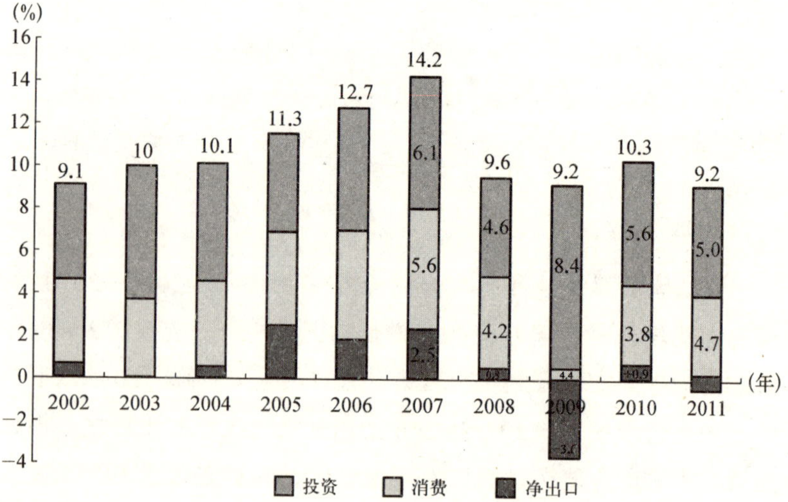

图3　中国经济增长的需求来源

的增速是14.2%，其中2.5%归功于净出口，而另外6.1%的增长来自投资。我从这些事实得出的结论是，中国的超高速增长的终结和向新的增长模式的转型会更加艰难，会发生相伴而来的原来模式的瓦解、经济衰退、危机，经历过这种转变的经济体都有过类似的经历。

也许，从超高速增长到适度增长（moderate growth）的转型之所以如此困难，原因之一是，这两种不同的增长模式依赖不同的经济增长要素之间的关系。我们可以把这两种不同的增长模式，看作两个不同的良性循环圈（virtuous cycles）。超高速增长阶段的特征包括：高净出口额、快速的收入增长、高储蓄、高投资，以及向上游部门投入大量资本。这些要素充分反映了处在这一经济增长阶段的经济体所具有的特点，当然，同样也可以用来描述中国的情况。

中国的经济正在发生变化，比如，投资虽然有所增长，但是和过去十年相比下降了。也许中国的这种循环圈开始变得脆弱，也许某种意义上，这种循环圈的瓦解，能解释为何高速增长的终结引人注目。

适度增长阶段是另一种完全不同的良性循环圈，包括的要素有：受教育水平较高的劳动力、更高的家庭收入、快速的内需增长、多样化的商业模式、本土创新不断涌现。问题在于，这两种模式之间缺乏一种自然渐进的过渡途径。有的时候，需要危机来打破之前超高速增长的循环圈，才能进入另一种适度增长循环圈。

超高速增长阶段讨人喜欢的经济环境也有负面作用，即使得改革缺乏动力。即使是面临全球金融危机的挑战，中国的投资和信贷的增长依然很快，只要扩大投资和信贷具有决定性作用，就一直会这样下去。缺乏忧患意识使改革者们失去了牵引力，所以中国的制度发展没能够跟上快速的经济发展的要求。现在，超高速增长的时代已经结束了，中国开始进入一个新的、具有挑战性的经济环境，与此同时，这也给重新开启经济改革创造了机会。

中国确实仍然拥有完善的基础设施、深度的产业供应基地和持续增长的生产率，还可能在某些产业争取技术超越，如通过给工厂引入更多的技术工人、改变工作路线等。不能忽视的是，2012年中国的服装、纺织、玩具、运动产品、家具等产业的出口增长率近乎零，这或许是由于中国出口增长受到欧洲和日本需求减少的影响，但是，这些大的出口种类增长率可能再也无法反弹。

这种长期的转变会导致经济增速放缓。另外，放缓的劳动力规模增长，再加上快速的结构转变，会导致产出规模增长放缓。在过去十年，中国主要依靠高投资率维持快速的经济增长。这种投资驱动的经济增长不会无限期地延续下去。当投资率下滑时，中国经济如何应对？我们尚不知晓。但我认为，政策制定者主要面临着三个不同时间阶段的挑战。

首先是增长模式的长期转变：中国劳动力市场的变化，已经超前于制定缓慢的“改变增长模式”的政策。中国如何发展高技能的产业，并且成功避免“中等收入陷阱”？中国在转型期将面临的挑战要多于其他经历过这种转型的经济体。

其次是中期的政策转变：中国的高层领导人正在改变和重新评估其促进经济改革和增长的方法。中国的下一届领导人是否会重启经济改革的议程？如果会，我想2013年下半年，中国的经济将会相当复杂。

最后就是短期的宏观经济转折：中国传统的货币政策维持了

一个过度扩张的经济发展阶段，并开始降低流动性过剩。政策制定者会如何应对处于变化中的宏观经济环境？他们会不会为了拥有一个更具持续性的未来而接受短期经济的放缓？

虽然中国所面临的这三个转折挑战所归属的时间框架不一样，然而，这三个挑战都已成事实。这三个“转折点”的聚合更显示出中国经济内部自由化的重要性，内部自由化可以提供更多的机会。

听闻最近在中国国内有关于凯恩斯主义的讨论。凯恩斯主义主要在短期内有效，应对全球金融危机时，凯恩斯主义起到了作用，并且是阻止或减少经济危机影响的必要工具。但需要注意的是凯恩斯短期政策会产生长期成本。在任何政治体系里，人们很容易看到凯恩斯政策的短期益处而忽视长期成本，学者们也没有快速分析成本和益处的方法，所以说凯恩斯主义有一个潜在的、本质性的危险，欧洲、美国和中国都正在面临这种挑战。

面对前面提到的三个挑战，在我看来，短期内，中国不能用凯恩斯式的刺激方案来维持经济的高速增长。如果鼓励给地方政府融资平台提供新的贷款，那将对融资系统危害很大。理论上，可以用财政政策，但实际上当下解决支出增长问题没有多少别的好选择。短期内最好的政策就是维持现在的宏观政策立场，鼓励贷款给中小企业，设法减少融资成本，允许GDP增长率适度降低。

更难的问题是怎样应对中期和长期挑战。我认为，应对的基本策略是扩大家庭和私人经济在整个经济中的比重。如何做到这点呢？可以减税并且增加私营商业能够繁荣的经济领域。根据具体情况，想出具有创造性的解决方案，例如，减税应该意味着减少人们健康保险的支付比重，通过将资产转换成健康保险基金来给未来的健康财政支出融资，同时，继续提高经济效益。此外，也要减少给企业的补贴，尤其是国有企业的补贴，用这些资金来提高生活质量和环境。

最重要的一点是拆除保护国有经济、给国有企业和个人决策者部分垄断特权的壁垒。在过去十年里，中国经济的扭曲日益严重，这也是为什么为了在国有企业谋得一份工作，人们会送礼、结交朋友甚至是给钱。这样的事情十年前不曾发生，反映了公平竞争的障碍增多，人们愿意给钱谋求进入一个受保护的领域，而在这个受保护的领域里得到的回报通常相当多。这对经济造成隐性成本。

如能真的付诸努力，障碍又减少的话，中国经济会出现生产率增长的恢复。当然不是马上，而是在几年之内。现在如果能够进行经济政策改革，中国经济可以保持相当积极的增长率，比方说在未来十年里，有5%—6%的经济增长率，从而解决长期问题。这样也可以让中国经济再次自我改革，真的成为世界领先的经济体。

张军：巴里·诺顿教授用一个颇有意义的概念框架，对中国经济增长的未来可能性做出了预测，即中国经济将从“超高速增长”阶段转向“适度增长”阶段。诺顿教授特别强调，这两种增长阶段之间缺乏平稳转换的渠道是理解中国经济可能已经开始减速的关键。

他做出这一推测是考虑了日本、韩国增长减速的经验教训。日本在经历了1955—1973年的超高速增长之后突然出现经济增速的陡降，从1973年之前的9.3%下降到了之后的4%左右，并一直持续到20世纪80年代后期。是的，当时的石油危机和美元与黄金脱钩导致的日元升值只不过是日本经济增长“跳水”的一个导火索，核心问题出在从超高速增长模式向适度增长模式的转型途径上。日本没有处理好这个问题，脱了轨。在这个问题上，韩国似乎也没有例外。在诺顿教授看来，日本、韩国的教训有理由让我们对中国经济从超高速增长阶段到适度增长阶段的转型能否平稳产生疑问。

的确，日本在1973年前后出现的增长跳水实在令人不解。不过，我对诺顿教授给出的韩国的增长率下降并不感到惊讶。看上去，它的减速更加温和与渐进。即使在1973—1990年间，韩国都仍然能保持超过7.5%的增长率。1990—2010年间，日本经济增长仅有0.63%，而与此同时，韩国以超过4%的速度增长。更重要的是，当我们发现韩国的增长率出现减速的时候，它的人均收入水平已经在向日本靠拢了。事实上，按照购买力平价估计，“亚洲四小龙”的人均GDP水平接近日本的时间就是在1995—2010年间。因此，韩国在保持长达25年的高速增长之后出现减速现象，是基本符合“收敛”原理的。

但日本不同，即便在1973年，按购买力平价估计，它的人均GDP也只有美国的大约60%或者更少，它的增长动力突然熄火实属罕见。可以推测，事情是由全要素生产率由高速增长突然转变成负增长引起的，问题在于我们并不完全清楚为什么会这样。

的确，在中国，大多数人希望未来中国经济能拥有基于国内消费和多样化内部需求的新的增长模式，而不是现在基于出口和投资的超高速增长模式。从某种意义上来说，这样的希望是对的，因为支撑超高速增长的需求条件和成本条件有朝一日都是会改变的。诺顿教授并没有提到，多高的增长率是适度的，但适度增长模式是一种可持续的增长模式，它更多依赖可持续的需求条件，它的增长基于大量高素质的劳动力以及国内多样化的市场需求。

诺顿教授提醒，中国可能朝这个适度增长阶段发展，但问题是，当这些需求条件和成本条件的变化到来得过快时，中国经济能否实现从第一阶段到大多数人期望的下一阶段的平稳转型，是不一定的。现在，与很多人一样，越来越多的经济学家对中国未来是否还能够维持较快的经济增长深表怀疑，甚至有一些经济学家相信，中国经济持续增长的动力基本已消失殆尽，如不进行政治体制改革，中国经济的崩溃在所难免。

这些悲观的看法看上去的确与我们看到的中国经济这些年来积累的一些结构性问题相吻合。但是，我认为中国经济的结构性问题总体上是被夸大了的。诺顿教授在谈到中国经济的结构问题时提到的贸易顺差数据是2007年的，这一年，中国的贸易顺差接近于GDP的10%。这是典型的异常值。

事实是，过去十年来，尽管中国的出口强劲，但贸易顺差占GDP的比重仅有3%左右，谈不上什么严重的结构失衡。国内家庭消费的增长尽管慢于GDP的增长，但过去十年间，两者的增长率差距却是一直在缩小的，到今天也只有差不多1个百分点的差距。另外，考虑到未来40%的农村人口将涌入城市，可以预期未来20年的城镇化过程将释放的投资需求依然巨大。

至于多数人对中国投资效率的批评言论，我认为也需要谨慎些。我与中欧国际工商学院（CEIBS）的朱天教授最近的一个计算多少让我们有了些信心。中国过去20年间平均的增量资本产出比*是4.06，与1981—1990年间3.86的平均增量资本产出比相比只是略有上升。要知道，做到这一点是非常不容易的。随着经济发展水平的提高和人均收入的上升，平均增量资本产出比一般都会上升。我们根据世界银行的数据计算还发现，高收入国家作为一个整体在上述两个十年间的平均增量资本产出比分别是6.32和12.62，岂不是上升得更多？而相比之下，中国的投资效率的变化总体上却并不大，绝对水平值更低。这一结果其实是很容易理解的，因为不然的话，我们将无法解释过去20年中国何以保持年均10.5%的增长率。因此，我认为，谨慎对待中国经济的未来是必要的，但过于悲观是没有道理的。

在过去20年，中国经济两位数的超高速增长是不争的事实。由于经济超高速的增长，正如诺顿教授提到的那样，我们今天发现原来支撑经济高速增长的成本条件和需求条件正在发生戏剧性的变化。这些变化包括：农村剩余劳动力的转移速度在显著放慢，工资在持续上升；教育的不断普及使得低技能劳动力的比重持续下降；工业用地的成本在大幅度上升；人民币持续升值，贸易摩擦也在加剧。我们很容易发现，超高速增长带来的这些条件变化改变的其实是成本。所以我们不妨说一个新的成本条件正在形成。

至于需求条件，目前似乎还找不到明显的证据来证明它将发生不利的改变。事实上，未来维持高增长的需求条件并没有在恶化。这是因为，当前出口增速的急剧下滑只是全球经济修复时的

---

* Incremental Capital Output Ratio，简称ICOR，也就是平均投资率除以GDP平均增长率。

暂时现象，与部分欧美国家的贸易摩擦加剧反映出中国出口的潜力和竞争优势依然巨大；随着工资收入的上涨和城市化的加快，国内的消费增长和消费升级只会加速而不会减速；进一步的城市化和工业化释放的投资需求还可以维持起码15—20年。

既然这样，中国经济在未来是否还能维持高增长，主要取决于增长模式如何成功地来适应新的成本条件，也就是诺顿教授所说的，如何从原来的增长模式平稳转型到新的增长模式上来。很显然，新的增长模式如何能够适应新的成本条件，或者从另外一个角度说，新的成本条件是否能成功诱导出新的增长模式，当然就是一个关键。

在两个增长模式的衔接问题上，我没有诺顿教授那么悲观，因为我认为在增长模式转型问题上中国比日本有优势。日本之所以出现增长模式转型衔接上的问题，造成增长率的大幅度跳水，日本的经济规模太小自然是主因。第一，由于规模小，国内需求有限，日本经济的超高速增长长期严重依赖出口；第二，由于规模小，成本条件的改变来得就比较猛烈，对经济增长的打击自然就比较大。1973年的石油危机和美元与黄金脱钩之后日元的首次大幅度升值均造成日本的出口遭遇滑铁卢，日本国内市场狭小使得企业无法很好地找到应对这些外部条件变化的缓冲余地。

再比如，日本经济学家的研究发现，刘易斯拐点出现于20世纪60年代中期，这个时期正处于日本经济高速增长的半途中。由于没有缓冲的余地，城乡劳动力流动的终结和工资上升的影响不仅来得快，而且影响特别大；工业用地成本的上涨也来得凶猛，对投资造成重创。这些条件的变化迫使日本的企业不得不逃离日本以求生存，后来就演变成日本经济的“空洞化”现象。

另外，日本国内的服务业过于封闭，受到政府的高度保护，这也造成了日本国内经济转型的困难。这是日本经济在面临成本条件改变时不能很好应对的主要原因。

我想提醒诺顿教授，为什么中国不能将增长动力从东部地区转移到内地省份呢？那些地区拥有相对充足的劳动力，是能够保持经济快速增长的。事实上，鉴于中国规模巨大，地区或省份之间差异之大超过了大多数的经济体，成本条件的改变不可能像日本那样猛烈，对经济增长的影响也会温和得多。

作为一种模式过渡的渠道，中国是有机会将经济引擎逐渐转移到内地省份的，这是因为即使中国沿海地区面临非技能劳动力的短缺，中国在未来十年甚至15年里仍然拥有数量可观的低技能劳动力。这些劳动力之所以不能够再像之前那样流向东部地区，是因为东部的那些制造业企业不再能够承受工资上涨的压力，它们自己是需要转移出东部地区的。

这些年，如果你在中国的内地省份待过，就会发现中国的内地省份正在大量投资公共基础设施并努力接受来自东部地区的企业投资和工厂转移。不难理解，由此大多数内地省份的GDP增长率这些年都超过了10%，而东部地区的增长有所回落。所以，不同于小的经济体，中国自己拥有“雁阵机制”来缓冲新的成本条件的压力。这样的话，在两个增长阶段和模式之间出现转轨断裂几乎是不可能的。相反，中国可能通过将资本在地区间的再分配这样的过渡途径，来保持未来十年或20年持续较快的增长。的确，中国的内地发展可能是增长模式平稳转型的天然渠道。

从未来15—20年来看，中国经济的潜在增长率并不低，低速增长（5%或以下）的可能性极小。中国的人均资本存量还只有大约1万美元，不到美国的10%，为韩国的25%。即使未来十年中国整体上进入了中等收入的阶段，中国内部的地区之间依然有巨大的追赶空间。东部与中西部地区、沿海和内地的人均资本存量与人均收入差距非常大。

从工业化和城市化的进程来看，投资需求依然旺盛，这是因为，第一，农业和第一产业的就业比重至今依然偏大，向制造业和服务业转移的空间依然巨大。以过去30年平均每年1%的速度来降低第一产业的就业比重，中国也需要20年才能使其就业在部门间的分配比重变得接近大多数中高收入国家的均值；第二，中国的城市化率刚达到51%，未来要达到中高收入国家的平均水平，还需要提高20个百分点，这还需要20年。

实现增长模式转型需要鼓励经济结构的多样化。中国经济需要适应新的成本条件，这可能要持续一段时间，结构的升级不可能瞬间发生。好的信号是，我们观察到劳动力和资本已经开始在地区之间发生快速流动了。长三角和珠三角的大批企业已向内地迁入。服务业在东部沿海地区的发展势头非常好。之前我已说明，中国经济是否可以成功地使经济结构多样化来适应新的成本条件至关重要。这意味着，结构转型将在未来中国经济高速增长的轨道上继续发挥作用，不仅支撑平稳过渡，也将对未来的全要素生产率（TFP）的增长做出贡献。考虑到正在变化的条件，特别是高素质劳动力的快速增长以及经济结构的转型，我相信全要素生产率在中国未来经济增长中将扮演重要角色。

新的成本条件的出现是经济调整和结构变化的催化剂。向新的增长模式的转型依赖于产业在地区间的成功转换。正如现在的局面那样，20年的增长之后，增长引擎正在转移到投资需求日渐增长和劳动力丰富的内陆省份，有助于实现经济结构的转变。在一些像长三角和珠三角这样的经济发达地区，产业升级和新兴产业的成长正在发生。过去20年来在一些产业园区和高科技园区培育的创业型企业正在快速成长，并得到高素质人力资源的储备的支持，这是很有希望的。它们将成为东部地区未来的增长点。生产性服务业和金融贸易正在取代制造业成为东部地区主要城市的经济流量。

与此同时，在产业升级换代和向新的增长阶段过渡中，外商直接投资（FDI）将扮演更加重要的角色。我之所以要强调这一点，是因为在成功保持了过去20年的高速增长之后，政府对外商直接投资的限制看上去在增加，甚至对外资的重要性的认识也有很大的改变。今天有更多人开始把外商直接投资看成是与我们争夺资源、市场和利润的对手，这实在是大错特错。我们过去在很多产业发展上的成功经验充分证明，向外资开放的产业，无论技术进步还是结构升级，都表现得更好而不是更差。我们对广东省和浙江省的研究也显示，在30年前发展水平和资源禀赋等极其相似的两个省，30年来产业结构升级的演变轨迹却出现很大不同。广东的表现好于浙江，而外资的参与程度是一个重要的因素。

中国需要通过不断进行改革来避免结构性问题的长期化，保持体制的灵活性以确保未来15—20年的高增长。在过去30年间，中国的体制在适应变化的环境方面保持了足够的弹性，避免了数次重大外部震荡对中国经济的冲击。

今天，中国经济需要面对新的成本条件，向新的增长阶段转型，新一届政府需要致力于克服经济动态调整中的阻力，推进持续的经济改革进程。诺顿教授和我在这个问题上的观点是一致的。

政府在这一点上的表现直接决定未来增长模式的转换能否平稳。

耶鲁大学发展经济学家古斯塔夫·拉尼斯（Gustav Ranis）教授在十多年前重新评价东亚模式时就说过，过去经济学家对于东亚经济成功的秘诀是在于市场还是在于政府争论不休。其实，东亚经济可以总结的最成功的经验与教训只有一个，那就是政策制定者如何能够使经济去适应变化了的环境，是否能够在私营经济增长并要求政策调整时成功做出变化。在经济的发展进程中，大概每十年就会有新的挑战出现，政府如何通过保持体制的灵活，以更好地迎合国内经济和私营部门的新的需求，对于顺利应对挑战而跨上新台阶至关重要。这句话对当下中国不也同样具有警示意义吗？

2012年9月17日下午

于复旦大学中国经济研究中心

（校订：张军）

诺顿
小传

巴里·诺顿（Barry Naughton），美国经济学家。1975年在华盛顿大学获得中国语言文学学士学位，后到耶鲁大学攻读国际关系硕士学位，之后再转向经济学研究，并于1986年获得耶鲁大学经济学博士学位。他是当前美国学术界研究中国经济的权威学者之一。1995年他出版的《来自计划外的增长：中国的经济改革（1978—1993）》奠定了他在中国经济研究领域的稳固地位。2007年他出版的《中国经济：转型与增长》成为许多大学讲授中国经济的教科书。他还翻译了吴敬琏先生的很多文章，并在此基础上撰写了《吴敬琏：中国改革的声音》一书。诺顿教授现任美国加州大学圣迭戈分校全球政策与战略学院的苏君乐讲座教授。

张军　对话　诺思

制度是重要的

中国的经济已经上了路，但现在和即将面临的问题可能比已经解决了的问题还要多、还要难。其中，对于发展出有效的个人交易的制度而言，政治体制的改革是非常关键的。

美国圣路易斯华盛顿大学的诺思教授是“新制度经济学”的重要贡献者和传播者，并因此获得1993年的诺贝尔经济学奖。新制度经济学从20世纪60年代开始逐渐形成，到20世纪80年代已经成为主流经济学领域中非常有影响、有魅力的研究方向。至今已有七八位经济学家因为在新制度经济学方面的相关贡献而被授予诺贝尔经济学奖。1997年，“新制度经济学国际协会”（International Society for New Institutional Economics，简称ISNIE）在美国华盛顿大学成立，诺思教授是该协会的倡导者和当选会长。诺思教授2015年11月23日在美国密歇根州的家中仙逝，享年95岁。

在过去20年里我有幸见过诺思教授四次。第一次见到诺思教授是在巴黎一大，第二次在加州大学伯克利分校。之后分别在上海和澳门又与诺思教授相会。其中在上海的见面时间是2002年3月17日。那天下午我应《文汇报》评论部季桂保先生的邀请，到文新大厦与诺思教授进行50分钟的对话。《文汇报》先在3月19日的报纸第1版做了报道，同月22日又在“论苑”版发表了我与诺思教授的对话实录，发表时的题目是“什么是有效的经济制度？”并配发了现场照片。由于时间久远，我已记不清当时对话的细节，只记得诺思教授站在文新大厦的顶层瞭望上海的市容，感叹不已。

这里的对话内容来自《文汇报》当时发表的版本，我没有再做修订。对话用英语进行，我当时的两位博士研究生章元和郭为根据录音整理并翻译成了中文。考虑到现在文献上都习惯使用“诺思”作为North的中文译名，我这里唯一改正的地方就是把原来发表时使用的“诺斯”改成了“诺思”。

另外，这次对话的内容看上去相对简洁，没有更多讨论中国的问题，也没有表达我对诺思的理论的评价。为了弥补这一缺憾，我把2015年11月底所写的一篇怀念诺思的小文章作为“外一篇”附在书后，供读者加深理解新制度经济学并进一步“走近”诺思教授。

张军：诺思教授，你好。我很高兴今天在上海见到你并能够在这里就我们感兴趣的问题进行沟通。这个机会的确是难得的。你也许已经知道，越来越多的中国学者和企业管理者对新制度经济学感兴趣。这是因为中国的经济正在发生体制上的变革。我们希望更好地理解这个体制变革的逻辑以及如何预测进一步的变革方向。可是，在今天，我们仍想听听你是怎样看待经济中的“制度”的，另外，你可以再给我们定义一下“新制度经济学”吗？

诺思：制度是人们从事选择活动的理由。制度给人们的选择活动提供了激励。制度的重要性在很久以前就被经济学家认识到了。然而他们缺乏一个系统的理论来帮助我们认识制度的存在以及对经济的影响。过去的那些制度经济学家，比如托斯丹·凡勃伦（Thorstein Veblen）和他的同事，他们有很多重要的贡献，但是他们没有一个关于制度的经济理论。而“新”制度经济学与“旧”制度经济学的最大不同就是我们发展出了一个关于制度和制度变迁的经济理论。而这个理论的基本概念是另一位诺贝尔经济学奖获得者科斯教授提出的“交易成本”。有了“交易成本”这个发现，我们才找到了解释制度的存在和制度变迁的方式。因为有了“交易成本”的概念，制度经济学才称得上是“新”的。

张军：我知道，科斯以及后来的一些经济学家主要还是研究非常微观的问题，比如企业和组织结构的问题。这些工作当然也是今天被称为“新制度经济学”的内容。你的研究工作看起来与科斯和其他人是不同的。作为经济史学家，你想把科斯发展起来的“交易成本”概念和个人交换的思想应用于整个经济，以此帮助我们来认识经济体制的变化。

诺思：刚刚说过，科斯教授最重要的贡献之一就是提出了“交易成本”的概念，他的这个概念和理论是想帮助人们理解企业是怎样运行的。后来的一些经济学家包括奥利弗·威廉姆森（Oliver Williamson）等人在内，都是想运用“交易成本”的概念来弄清楚“企业是什么”、“组织的变化是怎样发生的”以及“为什么会发生变化”等问题。但我认为科斯的“交易成本”概念完全可以帮助我们来解释整个经济在体制上的变化。比如说，我们依赖“交易成本”的概念可以来理解制度为什么会存在，制度的变化是怎样发生的，人们为什么以及怎样采用更经济的方式来组织生产和交换的活动等。这也就是我的主要工作。

张军：几年前，我们在巴黎第一大学见面时，你说过，新制度经济学还有很长的路要走，因为我们至今还没有发展出一个关于制度变迁的“动态理论框架”。是这样吗？

诺思：是的。新制度经济学的确还有相当长的路要走。发展出一个关于制度变迁的动态理论是很诱人的工作。

张军：我知道你将要给复旦大学的师生做一个报告，能否给我们透露一些报告的大致内容？

诺思：我准备谈的是关于新制度经济学在转轨经济中的运用。我认为，中国经济目前比较关键的问题在于如何找到人与人之间交易关系更有效的演进途径。我们知道，研究证实，在博弈论中，如果参与的人数不多并且在连续不断地进行博弈，那么人们就趋向于选择合作而不是欺诈，但是，如果信息不对称的话，人们并不了解整个博弈，特别是在参与人数非常多的情况下，人们自己很难实现一个合作的结果，相反，欺诈会很流行。所以，必须设计一种制度来规范参与者，让他们明确自己的收益是什么，使他们趋于选择合作而不是欺诈。但是，这绝不是一件容易的事。例如，你如果到一些“第三世界”国家去，会发现人们至今还无法有效地发展出个人之间的有效交易。为什么呢？我和其他一些经济史学家曾经研究了中世纪的欧洲。我们发现，当时之所以能发展出世界贸易和非人格化的交易规则，与当时发展起来的政治制度有很大的关系。我说的政治制度是指保护个人产权、公正的司法和有效的执行这三样东西。这样一个有效的政治制度可以让个人之间的交换的代价大大降低。在中世纪的欧洲，个人之间在更大范围内的交易就是通过政治制度来保证的，这是一个更重要的制度问题。对于一个转型的经济来说，将来肯定要面临的更根本的问题是，如何使政治体制的变革能以较低的成本来保证个人契约的有效实施。中国经济经历了一场巨大的变革，取得了非凡的成就，但是我认为你们还没有真正解决好个人之间的更有效的交易的问题。

张军：谈到个人之间的交易方式，我想这里一定会涉及一个关于契约的实施问题。我并不是说现在的中国，人们没有很清楚地认识到履约的重要性，事实上我们在建立契约方面已经迈出了很重要的一步。我相信，许多人已经认识到政治体制改革和经济体制变革的关系。你知道，这需要时间来适应签约和养成保持信誉的惯例，我们有时总能听到中国经济学家的声音在说："不，我们所需要的仅仅是时间，因为我们需要足够的时间来让人们充分认识到不再欺骗和讲求信誉的好处。"

诺思：除了需要时间之外，我想你们确实需要解决这个问题。首先，必须认识到别人不讲信誉和不守约的原因，这样才找得到使他们讲信誉和守约的办法。千百年来，人们的思想是在他们所处的环境中所形成的。他们必须学会相互信任和相互依赖，就像在一个家庭和家族中一样。人们在不同的环境中会做出不同的反应。他们会在心理上不自觉地建立一道防线来抵御新思想。所以，个人习惯的发展在某种程度上可以重塑人们的思维。但这并不意味着它可以自我实现。你知道，在西方国家，我们形成现在的制度花了500年，这是一个非常缓慢的历程，其中涉及许多非常重要的人物和思想的出现。在中国，你不可能在一夜之间就解决问题，我想你们至少需要20—50年的时间来为之奋斗。这就是你们现在为什么还存在这么多问题的基本原因。在某种程度上，你们已经取得了巨大的成功。中国的经济已经上了路，但现在和即将面临的问题可能比已经解决了的问题还要多、还要难。其中，对于发展出有效的个人交易的制度而言，政治体制的改革是非常关键的。

张军：我猜测你所关切的是，虽然经济发展了，但不要将进一步的经济发展陷入一个腐败化的格局中去，也就是说我们涉及了你提出的关于“路径依赖”的问题。现在亚洲的一些经济体都在一定程度上出现了问题。我们反复强调，中国的经济一定要防止出现“亚洲病”。根据我的理解，这个“亚洲病”在很大程度上是因为这些经济体在今天越来越难以摆脱过去的问题而形成的，它是一个“锁定”的结果。现在看起来，防止经济发展中的“路径依赖”现象是很要紧的。你觉得呢？

诺思：“路径依赖”是一个很重要的问题。一般来说，制度在形成以后会相对稳定。但有的制度比较容易变化，而有的则很难变化。可是，我们不知道哪一种制度容易变迁以及它们在什么时候难以变迁。沿着你的起点遵循你已经走过的历程，“路径依赖”严格限定了你将来的选择。但是我们知道这正是现在日本经济衰退的原因。日本经济在体制上的“路径依赖”正是源于它固有的财政和金融体系，它们今天正在杀伤着日本的经济。日本经济已经衰退了十多年，这不能简单地归因于它的文化，而是体制的问题、路径依赖的问题。它的经济体制建立在它的政治结构内，逐步形成了非常固定的既得利益的结构，要摧毁这个利益的格局，打破这个“死锁”的状态是非常困难的。所以，日本经济的困难其实是政治制度的问题。相反，美国经济200年来之所以富有朝气，就是因为它的政治体制不允许在经济层面上形成既得利益的牢固结构。在美国，市场经济之所以运行有效，就是因为政治上不能容忍垄断的企图，进入市场（不管是产品市场还是要素市场）在美国就成为非常容易的事。只有进入变得非常容易，竞争才能真正存在。这个问题解决了，就不会出现严重的“路径依赖”现象，既得利益就难以形成足够的能力来阻碍经济的发展。在中国，官商腐败的盛行表明了“路径依赖”的问题需要引起你们足够的注意。

张军：讲到这里，我想到了“新经济”的问题。在今天信息革命的时代，新经济或者网络经济的发展也说明了这个道理。只有在政治上阻止在经济领域里形成牢固的既得利益，包括各种形式的垄断企图，经济的活力和动态性才能得到发展。

诺思：“新经济”正好说明美国的经济体制总是让竞争脱颖而出。在硅谷，企业的淘汰率惊人地高。在那里，每天发生的就好像经济学家熊彼特所说的，是一个“创造性的毁灭”过程。信息的革命就是信息成本的革命，它使进入市场变得更加容易。但这个过程才刚刚开始，还有很长的路要走。革命还没有完成，市场有不确定性是难免的。1993年，我获得诺贝尔经济学奖的奖金时，我太太问我，用这些钱干些什么呢？投入当时的股市吗？你想，那个时候是大牛市啊！可是我却把钱买了债券。不然的话，我今天就不会稳赚一笔了。哈哈……

2002年3月17日下午于上海文新大厦

（整理节录：章元、郭为）

诺思小传

道格拉斯·诺思（Douglass C. North），1920年生。加州大学伯克利分校博士，生前任美国圣路易斯华盛顿大学卢斯法律与自由教授及经济与历史教授、经济系卢斯讲座教授。曾任《经济史杂志》副主编、美国经济史学协会会长、美国西方经济协会会长等职。2015年11月23日在家中逝世，享年95岁。

诺思教授是著名的经济学家、历史学家，新制度经济学和“新经济”史学的杰出开拓者。他因在产权理论、国家理论、制度变迁理论等方面做出的杰出贡献获1993年诺贝尔经济学奖。他的代表作包括《美国的经济成长》（*The Economic Growth of the Unitied States*）、《制度变迁与美国经济增长》（*Institutional Change and American Economic Growth*）、《西方世界的兴起：新经济史》（*The Rise of the Western World: A New Economic History*）和《经济史中的结构与变迁》（*Structure and Change in Economic History*）等。他的多部著作被翻译成了中文，在中国经济学界影响深远。

附录

外一篇　诺思的新制度经济学与中国经验

诺贝尔经济学奖获得者道格拉斯·诺思教授，毫无疑问在新制度经济学这个领域是一位旗帜性的人物。他把制度的重要性重新拉回人们的视野，并且用经济学的分析范式来讨论制度及其演变，这是开拓性的工作。由于对经济发展中的制度的强调，他改变了长期以来制度不在经济分析范围之内的传统，因而赢得了西方思想界、学术界的尊重，他的研究也因之获得1993年的诺贝尔经济学奖，这是意料之中的，也是众望所归。

当然，在制度的经济学分析中，以诺思为代表的派别只是一个重要的支流。至少在20世纪60年代，还有其他众多流派，比如合约理论。张五常教授也是制度经济学的重要开拓者，他对合约经济理论的贡献至今尚未被人超越。与张五常专攻微观合约结构的研究不同，诺思对制度的研究基于跨度较长的经济史的研究，而且从学术背景上说，诺思是一位优秀的历史学家，他早期的研究集中于用计量学的方法来研究历史事件，他也是新经济史学的重要开拓者。诺思的研究作品中没有方法论的创新，也没有理论的模型，只有对历史事件的分析，但其中发展出的是重要的思想，而这些思想影响了大多数经济学家的认识。

2015年，我到深圳出席庆祝张五常教授八十华诞的学术研讨会，在会议期间大家还在问起诺思教授的身体状况，因为张五常教授提及他前几年得知诺思教授患病的消息，说情况不是特别好。我猜想，如果诺思的身体许可，他也许会出席这次学术活动，或者录制一段视频，或写封祝寿的信过来，无疑也会为这场学术活动增添很多光彩。很可惜，因为患有重病，他无法实现这样一个愿望。没有想到的是，我从深圳回到上海没有几天，就收到了诺思教授逝世的消息。

诺思教授去世时95岁，已是高寿了。认识他、见过他的人大概都知道，诺思教授是一位性格特别开朗的老人，如果面对面跟他讲话，你会发现他有很多让你惊讶的语言，还有一些让你惊讶的动作。他像一个孩子，非常单纯。他又非常幽默，好像从来没有过烦恼，讲起新制度经济学，讲起他对制度的研究和思考，他会滔滔不绝。我相信他是一位对人生比较乐观或者说非常乐观的长者。我也相信，这是他很长寿的原因之一。

诺思跟张五常先生关系非常密切，张五常先生曾经风趣地说诺思也算是他的学生，当然我们知道诺思要比张五常先生年长15岁之多。但五常先生说的也没有错，因为诺思曾经是张五常先生课堂上的一位学生。不仅有这层关系，更主要还是因为诺思对张五常先生在制度经济学方面表现出的天赋非常尊敬。我见到诺思的时候，他也会提起张五常的名字，并且认为张五常先生是他非常好的朋友。所以诺思过世，我相信五常先生是非常悲痛的，我也期待读到五常先生纪念诺思的文字。

我曾四次见到诺思教授。第一次见到他是1998年在巴黎举行的“国际新制度经济学会”第二届年会上，那个时候我也是该学会的会员，而诺思教授是主席。后来在美国旧金山，同样是“国际新制度经济学会”的年会上，我们又再次见面。2002年3月，我们在上海《文汇报》的安排下有过第三次见面机会，并进行了对话。我最后一次跟他见面是2007年3月，那是在澳门大学，我和他被同时邀请出席在澳门大学举行的关于中国经济改革的一个高级研讨会。来自英国的诺贝尔经济学奖获得者詹姆斯·莫里斯（James Mirrlees）也出席了这次会议。诺思教授跟莫里斯教授作为两位诺贝尔经济学奖的获得者做了大会的主旨演讲。

在澳门的这个会议上我跟他有两天的接触时间，我们一起出席了主办方安排的所有活动。老人家精神非常好，红光满面，经常开怀大笑。我看得出他喜欢喝酒，也爱抽烟，所以相信他是一位生活非常丰富多彩的学者。而且会议还特意安排我们到澳门的一个葡萄牙式的城堡上进行过一次晚餐，晚餐之前是喝酒聊天的时间，他喝了很多酒，我跟他也聊了很多。

诺思教授所发表主旨演讲的内容，是就经济发展与制度之间的关系再次做了阐述。这一发言主题跟他之前的著作、论文和演讲的要点是一样的，他特别强调只有好的制度才会推动好的经济发展。我想他头脑中所谓好的制度以及好的经济发展，主要还是基于他对英美以及欧洲的历史所做的深度分析。他特别对欧美几个主要国家——荷兰、葡萄牙、西班牙、法国，当然还有英国以及后来的美国——的经济发展的历史，以及制度在这些国家形成与演变的过程，做了非常深入的分析。在这个基础上他认为，我们现在能知道的所谓好的制度，也就是我们在英美看到的那些制度，而那些制度是英美先后保持世界领先地位的原因。

我们在20世纪80年代后期都阅读过诺思与罗伯特·托马斯（Robert P. Thomas）合著的那本重要作品《西方世界的兴起》。在这本书里他们比较系统地阐述了制度如何影响经济的发展，并给出了他们的理论分析框架。在那次澳门会议上我问过他，究竟什么是所谓好的制度，他会不厌其烦地重复他所说的在英美看到的那些制度。概括讲，他所说的好的制度包括了明确界定和有效保护的私人产权、自由的市场经济制度、独立的司法以及民主的政府等。

由于制度和政府之间的关系很微妙，不容易轻易断言，所以读诺思的著作和论文，不难发现在对待国家和政府的问题上，他早期的研究是不够深入的，比较简单，包括对意识形态的思考也是非常不成熟的。我想这也是他在晚年非常纠结的重要问题。相对而言，他早期的研究更多是集中在对产权的分析方面，即使在研究独立的司法如何重要这个问题上，他也理直气壮，发展出了有说服力的思想。但是一旦涉及政府或国家的角色，包括对意识形态的看法，他早期的作品都没有给出非常完整和有深度的分析。这使得他在晚年实际上更多地去思考国家以及意识形态的问题，甚至把它们进一步推广到了整个文化领域。

总而言之，以诺思为代表的新制度经济学是有贡献的，这个贡献就是它重新让我们注意到了制度在解释经济发展中的重要性。我想也许可以用最简单的一句话来概括新制度经济学家们的贡献，就是所谓"有好的制度才有好的经济表现"。这是诺思在生前一直坚持和传播的最重要的命题。

我们中国国内的学者，无论是老一代经济学家，还是新生代经济学家，在过去20年中都深受新制度经济学的影响。特别是在

1990年代，当中国经济改革进入到一个新阶段的时候，我们的很多领域都面临制度改革，包括国有企业的改革、国有资产管理的改革、土地制度的改革等，都涉及如何建立更有效的产权制度，如何更好地来推动中国的经济体制不断向最佳实践的体制模式去靠拢。

我有幸在1991年就出版了中国大陆第一本关于产权经济学的著作《现代产权经济学》，没有想到我那本书在当时产生了那么大的影响，那时有很多在校学生和从事经济研究的学者读过它，因为几乎没有人不关注产权制度的改革。而我写这本书时，也深受新制度经济学包括诺思理论的影响。所以从某种意义上讲，诺思通过他的新制度经济学其实影响了至少两代中国的经济学家。也可以说诺思和新制度经济学间接地为中国20世纪90年代以后的经济改革做出了很大的贡献。

当然，因为知识的不断普及，新制度经济学在中国大陆今天的影响力已不如当年，我想这也是一个很正常的现象。因为新制度经济学经历了20世纪90年代在中国大陆广泛的传播，让更多人特别是年轻一代的经济学家开始知道什么是制度，什么是好的制度，制度是怎么演变的，什么是制度演变的推动力量。我想今天继续阅读诺思著作的学者或者学生可能已经不太多了，因为诺思发展起来的分析制度和制度变化的经济学框架已广为人知了。但是诺思对新制度经济学的贡献以及新制度经济学作为一种思潮的存在，并不会退出历史舞台。

新制度经济学除了作为一种思潮影响了我们之外，我认为它也给我们这些身处中国发展与制度变化中的本土经济学家带来了疑问，当然这也是西方主流经济学家的疑问，那就是：中国并不具备诺思所定义的那些“好的制度”，而经济增长为什么在中国发生了？西方经济学家依据现有的理论，包括诺思的理论，并没有能够预测到中国经济的成功发展，而且时至今日，每当中国经济遇到下行的时候，西方主流经济学家总是会预测中国行将崩溃。这在根本上是现行经济理论的缺陷造成的，因为我们在中国以及之前在东亚经济中看到的很多现象并没有在西方主流经济学的分析范围之内，西方经济学家因为不能很快地理解这些现象便排斥它们。

在2015年11月13日举行的张五常教授八十华诞学术研讨会上，我就以这个问题作为演讲的主题。在那次发言中，我主要讲的一个想法是：“好的制度推动形成好的经济发展”这样一个命题，是基于欧洲特别是英美的经验总结出来的。这样一个命题在用来解释中国成功的经济发展，包括解释东亚经济发展历史的时候，我们就会发现它是存在着问题的。中国经济在过去30年的表现，如果用诺思的分析框架是得不到很好解释的，因为西方意义上所谓“好的制度”并不能套用在中国的现实状况上，中国的经济保持了平均9.7%的增长长达35年，这需要寻找新的解释。我在演讲中提出，要观察中国的经验，用中国的经验寻求解释中国经济成功发展的理论，在很大程度上可以发展关于制度与经济增长之间关系的现存理论，也就是诺思所发展起来的这个理论。

据我所知，以这一方法研究中国经济，有这样一个实例：2008年，美国比较经济学会会刊《比较经济研究》（*Comparative Economic Studies*）邀请了我的朋友、美国经济学家谢千里（Gary H. Jefferson）教授为这本杂志创刊50年撰写一篇纪念文章。谢千里选择将中国经济作为这篇文章的主题。当时他曾将初稿发给我，希望我做出评论。他在这篇文章里重点讲了中国的经济发展经验跟现代主流经济学到底是什么关系。文中提到了诺思的理论，提到了产权的重新界定，也提到了制度变迁的理论等。

表面看来，已有的关于二元部门的经济发展理论，关于库兹涅茨的结构变化与增长的理论，关于索洛的增长模型等，似乎在不同程度上都可以在中国的经济发展过程中得到验证。换句话说，中国经验可以提供检验这些理论的机会。的确，我们现在有大量研究论文通常都选择所谓“来自中国的证据”作为副标题，表明中国可能对现在流行的一些经济学理论假说提供支持。但如果仅仅是这样，那么中国经验就没有扩大现有经济分析的范围，中国无非是为西方现在流行的这些理论提供了一个实验室，难以对经济学做出贡献。但事实上正如谢千里那篇文章所谈到的，在中国经济发展的经验当中，我们能够发现一些有助于经济增长和发展的不同的制度安排，而那些制度安排并不在诺思分析的范围之内。

诺思说有“好的制度”才能有好的经济发展，而如果把诺思所说的“好的制度”的清单拿过来，跟中国到目前为止的相应制度安排去对照，我们会发现中国的这些制度都难以被贴上诺思所定义的“好的制度”的标签。那怎么来解释中国成功的经济发展的经验？其实在过去一二十年里，有一些经济学家，包括中国国内的经济学家就开始试图去寻找中国成功经济发展背后的制度因素。细致的观察让他们发现，在制度层面上，我们会发现中国有大量非正规，甚至过渡性的制度安排，它们并不标准，因此也难以被认定为“好的制度”，却为中国的经济增长做出了巨大的贡献。

最近美国的《金融经济学杂志》（*Journal of Financial Economics*）

遴选了创刊以来引用率最高的几十篇论文，其中有一篇论文在过去十年里的被引用次数超过了2200次，平均每年超过20次，这篇论文就是中国经济学家钱军与他的美国老师等三人合作的一篇研究中国经济增长的论文，题目叫作“法律、金融和中国的经济增长”（Law, Finance and Economic Growth in China）。这篇论文之所以赢得这么高的引用次数，就是因为它解释了尽管中国的法律制度和金融制度不符合诺思定义的“好的制度”，但中国经济增长背后有别的制度在发挥着类似的功能。

比如说，中国比较好的秩序是怎么来的？如果不是来自独立的司法，那来自何方？我想中国也没有诺思所说的英美金融市场，经济的发展一定也需要金融的支持，那么中国是以一个什么样的金融制度来提供经济发展所需要的金融需求的？在这篇文章里，作者深入研究了中国在经济增长过程当中那些非标准的制度的存在，以及那些制度为什么会形成经济的增长。我想这就是典型的用中国的经验乃至中国的观察，拓展现有经济分析范围的一个很好的努力。

同样，在张五常教授的研究中，特别在他几年前出版的《中国的经济制度》一书中，他用了很大的篇幅来讲述两个非常重要的来自中国的经验，而这两个经验现象在现有的新制度经济学以及其他主流经济学的分析范围里面是没有被包含进去的。第一个经验就是关于产权的细致安排，因为诺思所说的完备的私人产权制度其实在中国并不真正存在。但是张五常教授根据中国的经验发现，在中国有一套关于使用权的安排非常有效。在中国，它的界定与分配比所有权更重要。换句话说，现有的经济分析的范围里面只有所有权的分析，没有使用权的分析，中国的经验恰好显示出使用权脱离于所有权之后的相对重要性，而这一点正是常常被西方主流的经济学家所忽视的。

张五常的《中国的经济制度》一书花了很多篇幅来讨论所有权与使用权两权分离如何可能对经济发展和经济增长产生重要作用。同时他的这一分析也极大程度上充实了西方的合约理论，使之变得更加丰富、更加完备。

张五常在书中讨论的另一个中国经验是县际竞争。他认为在中国经济发展的经验中，县际竞争是无论如何都不能忽视的一个重要现象。而虽然西方很多国家在不同程度上都存在县际竞争或者地方政府的竞争，但是西方主流经济学的理论没有将其纳入分析范围。所以在文献上，我们找不到帮助我们来理解地方政府竞争这一现象的理论，而中国的经验在张五常那里就成了可以扩大经济分析范围的一个重要经验，这就是中国的经济学家身处中国可能拥有的对经济学做出贡献的一个绝佳机会。

所以，如果我们不从中国经验出发，而是教条地接受诺思的理论并将之套用在中国经济发展的经验上面，那么我们就会感到非常困惑，因为中国的经验在很大程度上与这些理论所做出的预测并不吻合，更不在现在主流经济分析的范围里面，所以很难对我们理解和解释中国经济的成功发展有帮助。而如果我们能够不受现在流行的这些理论包括新制度经济学的思想束缚，更深入地观察中国的经验，那我们就有可能在中国经验的基础上寻找到解释经济发展的更有效理论。这么一来，我们就可以基于中国经验来拓展现有经济分析的范围。

我想，今天我们悼念诺思教授，不是因为诺思教授的理论可以很好地预测中国过去经济发展的现实。新制度经济学之所以重要，是因为它让我们看到了制度与经济增长之间紧密的关系，同时也因为有了这个关系，才有可能让我们看到中国的经验如何挑战了诺思的理论，才有可能让中国的经验去拓展现代经济分析的范围，从而对经济学做出贡献。

2015年11月27日

文
景

Horizon

社科新知 文艺新潮

顶级对话
——理解变化中的经济世界

张军 著

出 品 人：姚映然
责任编辑：章颖莹
封扉设计：水玉银文化
版式设计：安克晨

出　　品：北京世纪文景文化传播有限责任公司
(北京朝阳区东土城路8号林达大厦A座4A 100013)
出版发行：上海世纪出版股份有限公司
印　　刷：山东临沂新华印刷物流集团有限责任公司
制　　版：南京展望文化发展有限公司

开 本：890mm × 1240mm 1/32
印 张：8.25　字 数：181,000　插 页：8
2017年8月第1版　2017年8月第1次印刷
定 价：52.00元
ISBN：978-7-208-14457-6 / F · 2447

图书在版编目（CIP）数据

顶级对话：理解变化中的经济世界 / 张军著. —上海：上海人民出版社，2017
ISBN 978-7-208-14457-6

Ⅰ.①顶… Ⅱ.①张… Ⅲ.①经济学—研究 Ⅳ.①F0

中国版本图书馆 CIP 数据核字（2017）第 085666 号